為了自由

一名女奴的**奇蹟**逃脫故事

Harriet A. Jacobs

Incidents in the Life of a

SLAVE GIRL

哈麗葉特．雅各布斯 **著**　　郭哲佑 **譯**

好評推薦

「她拿著一支筆為其他的奴隸女性戰鬥。會寫字就能得勝……我想給她一個擁抱！」

——黑柳徹子，《窗邊的小荳荳》作者、日本知名主持人

「她的自傳一直縈繞腦中，變成我寫《地下鐵道》主角的靈感。」

——科爾森・懷特黑德（Colson Whitehead），普立茲獎、美國國家圖書獎得主

「這是非裔美國人文化最重要的著作之一。」

——亨利・路易斯・蓋茲（Henry Louis Gates），美國知名主持人、哈佛大學教授

「在難以想像的逆境中，這是一場毅力與真相的勝利。」

——梅森．柯瑞（Mason Currey），《創作者的日常生活》作者

「她的故事是女性奴隸制度下的珍貴見證，凸顯了性剝削的危險。」

——《衛報》

「最重要的奴隸敘事作品之一。」

——《紐約時報》

「沒有人能想像這本書會是日本長踞排行榜的暢銷書！」

——《富比世》

「這是公認最完整、最能說明當時生活狀況的故事之一。」

——查爾斯．博耶特（Charles Boyette），美國歷史學家

作者序

敬告讀者，這本書不是虛構的。我知道我的一些奇遇可能看起來難以置信，但無論如何這都是真實的。我並沒有誇大奴隸制所造成的不公，恰好相反，我的描述遠遠不及事實。我隱去了真實地名，人物的名字也是假的。我並不是為了替自己保密，而是我認為這樣做，對於這條路上的其他人來說，是比較仁慈、體貼的。

我希望自己可以把這個任務做得更好。相信讀者們可以體諒我的能力有限，或有不盡人意之處。我在奴隸制度下出生長大，生活在蓄奴州裡二十七年。自從來到北方後，為了養活自己，也為了孩子們的教育，我必須非常勤奮地工作。因此我沒有太多空閒來提升自我，彌補那些錯過的童年。即便如此，哪怕每天只能從家務瑣事中擠出一小時，我也依然會斷斷續續地寫作。

我初次來到費城時，佩恩主教就建議我出版自傳，但我說自己完全沒辦法勝任。當時我的想法雖然已有進步，但我仍然認為自己相當不足。這看起來或許有些自以為是，但我的動機並不自負。我寫我的經歷，並不是要吸引他人注意。相反地，對過去保持沉默對我來說會更好，我也不想激起別人對我個人痛苦的同情。然而，我卻非常希望喚起北方婦女對於南方兩百萬婦女的認識——那些人仍被奴役，遭受我曾受過的苦難，而且多數比我更糟。我想加入自己的證詞，好讓自由之州的人們相信奴隸制的真實面貌。一個人唯有親身經歷過，才能理解那個深淵有多麼深、多麼黑暗又多麼骯髒。我為受迫害的人民所做的努力並不完美，願上帝保佑！

——琳達·布倫特（作者在書中的化名）

初版編序

我本人認識這一本自傳的作者，她的言談舉止讓我受到鼓舞。過去十七年來，她大部分時間都住在紐約一個望族的家裡，她氣質非凡，因此受到這個家的高度尊重。光是這個事實，就已無須再證明她的品格。我相信認識她的人都不會懷疑她的誠實，即使在她的故事中，有一些事件比小說還更浪漫。

我答應她的要求，修改了這本書的手稿。但我所做的改動，主要是為了讓書讀起來更加凝練有序。我沒有給故事添加任何情節，也沒有去改變她那些中肯的評論。除了些許例外，這本書的思想與語言都是她自己的。我修去了一些贅字，除此之外，我沒有理由去改變她說故事那種生動、戲劇性的方式。本書的人名、地名我都很清楚，但出於一些原因我不能多說。

一個在奴隸制度中長大的女人竟然可以寫得這麼好——這自然會讓人非常驚訝。但如果知道她的情況，那就說得通了。第一，她天生具備敏銳的洞察力。第二，她十二歲前的女主人相當善良，教會她讀書識字。第三，她來到北方之後，所處的環境對她十分有利。她經常與有見識的人往來，這些人關心她的幸福，而且願意給她提升自我的機會。

我知道會很多人指責我，認為將這些內容攤在大眾眼前不禮貌。這個聰明而受過嚴重傷害的女人，她的經歷屬於某一個階級，這個階級對一些人來說很敏感，對另一些人則很粗俗。這種奴隸制度的特殊面向一般不為人所知，但我認為，公眾應該瞭解它的醜惡樣貌，而我很樂意擔負起責任，取下奴隸制度的面具。這樣做，是為了我那些仍被奴役的姐妹們，她們正遭受非人的折磨，以至於我們嬌嫩的耳朵聽不到她們的話。這樣做，也是希望喚醒北方婦女的良知與反思，讓她們意識到自己的責任，盡可能在奴隸問題上發揮她們的道德影響力。我這樣做，更是希望每一個讀到這故事的人，都能嚴肅地宣示，說自己如果有能力，就不會讓任何一個逃奴被送回那腐敗、殘忍而可惡的賊窩去繼續受苦。

——莉迪雅・柴爾德（Lydia Maria Child），美國著名社會運動家，《為了自由》初版編者

目錄

作者序 004
初版編序 006
1 美好的童年 015
2 新主人 020
3 奴隸的新年 028
4 敢於像人的奴隸 031
5 少女的考驗 046
6 嫉妒的女人 051
7 愛人 059

8 教育奴隸 068
9 附近的奴隸主 072
10 女奴的險路 082
11 新生活 089
12 暴亂之恐懼 095
13 教堂與奴隸 102
14 另一個生命連結 113
15 接二連三的迫害 118
16 種植園現場 127
17 啟程 138
18 危機四伏的幾個月 143
19 孩子們的契約 152
20 新危機 159
21 藏身處的暗眼 164
22 慶祝聖誕節 169

23 我仍在監獄……173
24 議員候選人……178
25 兵不厭詐……182
26 弟弟的新人生……189
27 孩子們的新歸宿……195
28 南茜阿姨……203
29 逃亡的準備……209
30 一路向北……220
31 費城經歷……224
32 母女重逢……230
33 找到一個家……235
34 重遇故敵……239
35 膚色的歧視……244
36 千鈞一髮的脫逃……248
37 拜訪英國……254

38 南方的再次邀請 258
39 給女兒的告白 261
40 《逃奴追緝法》 264
41 終於自由 271
初版後記 282

1 美好的童年

我生來就是奴隸，但過了六年快樂的童年之後，我才知道自己的身分。我的父親是個木匠，在這一行他是公認的聰明巧手，所以當需要蓋特別的建築時，他就會被大老遠送去做工頭。只要每年上交女主人兩百美元，然後養活自己，他就被允許繼續當木匠，自己處理自己的事。我父親最大的願望就是贖回他的孩子們，但他好幾次上交他的血汗錢，都未能成功。我父母的膚色是淺淺的棕黃色（別人都叫他們穆拉托人[1]），我們一起生活在一個舒適的家。雖然我們都是奴隸，我卻天真地被保護著，做夢也沒想到自己只是一件商品，暫時託付給我父母保管，隨時可能被取回。他們保護著我，而且不論何時對我都是有求必應。我有一個弟弟叫威廉，比我小兩歲，是個聰明又有愛心的孩子。我還有一個寶貝，就是我的外婆，

1 穆拉托人（Mulatto）在當時指稱黑白混血兒，源自拉丁語的「mūlus—騾子」。

她在很多方面都非常了不起。外婆的父親是南卡羅來納州的一個種植園主，園主臨終時解放了我外婆的母親與三個孩子，讓他們帶著錢去聖奧古斯丁（St. Augustine）投奔親戚。當時正在打美國獨立戰爭，他們在途中被抓住，又載回來賣給不同的買主——這是外婆以前常常說的故事，很多細節我已經記不清楚了。外婆被抓住時還是個小女孩，被賣給了一家大旅館的老闆，我常常聽她訴說童年的艱辛。她漸漸長大，表現出聰明的一面，而且非常忠誠，她的主人與女主人發現照顧這個珍貴的財產對自己有很多好處。她在家中成了不可或缺的角色，擔任廚師、奶媽和裁縫等等職務。她的廚藝備受稱讚，她做的餅乾在街坊之間相當有名，很多人都想買來嚐嚐。由於太多人詢問，外婆請求女主人允許她忙完所有家務之後，在晚上偷閒烤餅乾。女主人答應了，不過她必須用賺來的錢替自己與孩子買衣服。在這樣的條件下，她為女主人辛苦工作一整天之後，開始在夜裡烤餅乾，她兩個最大的孩子則充當助手。事實證明，這個生意能賺錢，每年她都存了一些錢，當成贖回孩子的資金。男主人死後，財產分給了繼承人。女主人繼承了她亡夫的遺產，旅館照常營業，而外婆繼續做她的奴隸，不過外婆的兒女被分給了男主人的幾個子女。外婆有五個子女，最小的班傑明被賣掉了，這樣每一位繼承人才能均分剩下的遺產。我與班傑明年紀相差無幾，他看上去更像是我的哥哥，而不是舅舅。班傑明是一個聰明又帥氣的小夥子，幾乎像是白人，因為他遺傳到外婆繼承到的盎格魯—薩克遜膚色。雖然只有十歲，還是賣出了七百二十美元的高價。

班傑明的出售對外婆來說是一個可怕打擊，但她天性樂觀，對一切都滿懷希望，因此打起精神幹活，相信總有一天她能贖回孩子們。外婆後來存夠三百美元，有一天，女主人向她借錢，保證很快就會還給她。讀者大概知道給奴隸的任何承諾，無論口頭或書面，都不具法律效力。因為根據南方法律，**作為財產**的奴隸無法擁有財產。當我的外婆把辛苦掙來的錢借給女主人時，她完全信任女主人的信用——一個奴隸主對奴隸的信用！

這個好外婆非常照顧我。我和弟弟威廉經常會分到她做的餅乾、蛋糕和蜜餞。直到我們不再是小孩，她還為我們做了許多更重要的事。

上述關於我童年的境遇，算是非常幸運的。我六歲時母親去世。接著，我在聽旁人聊天的時候，第一次知道自己是個奴隸。母親的女主人是我外婆女主人的女兒——她算是我母親的義姐妹，都吃外婆的奶水長大。其實為了讓她能喝夠奶水，我母親三個月就斷奶了。她們小時候一起玩耍，長大成人之後，我母親就變成了她那位皮膚較白的義姐妹的忠實僕人。

母親臨終前，女主人答應她永遠不讓她的孩子們受苦，而女主人一生都信守這個承諾。大家都稱讚我的母親，她名義上是奴隸，但實際上是高貴的女性。母親的離世讓我難過，一想到現在誰能照顧我和弟弟，我幼小的心靈就相當煩惱。我被告知，現在開始要跟母親的女主人一起生活，而我發現這種生活還不錯。女主人沒有給我繁重或不愉快的工作。她對我很好，我總是樂意去執行她的命令，也很驕傲我在年輕時能為她多做些事。我孜孜不倦地做針線活，在她身邊一坐就是幾個小時，那種無憂無慮的心情好似自由的白人孩子。她如果覺得我累了，會把我放出去跑一跑、跳一跳。我蹦蹦跳跳地去採漿果，或採花朵裝飾她的房間。那段時光相當愉快——卻好景不長。我這個小奴隸根本沒想過明天的事，但不幸還是降臨了，這是每一個生來就是財產的人的宿命。

在我快滿十二歲時，我好心的女主人病死了。我看見她的臉頰越來越蒼白，目光越來越呆滯，我多麼懇切地祈禱她能活下去！我愛她，她對我來說幾乎像是母親。我的祈禱沒有應驗。她死了，其他人把她埋在一塊小教堂的墓地。我每天都去看她，淚水滴落在她的墳墓上。

之後，我被送到外婆那裡一個禮拜。我現在夠大了，開始想未來的事。我一遍遍地問自己，他們會怎麼處理我。我十分篤定，不可能再找到更好的女主人了。她曾答應我垂死的母親，絕對不讓孩子們因為任何事受苦。當我想起這件事，又想起過往她對我的關愛，我不禁看見了一些希望，以為她已經讓我自由。我的朋友們也相信那會是結果。他們覺得看在我母親的感情與忠誠的份上，女主人一定會這樣做。可是，唉，我們都知道，即使有過這樣一個忠實的奴隸，也沒辦法讓她的孩子免於拍賣。

我們提心吊膽地生活了一陣子，直到有人宣讀女主人的遺囑，我們才得知她已經把我遺贈給了她妹妹的女兒，一個五歲大的女孩，我們的希望就此破滅。我的女主人教過我《聖經》的戒律：「要愛鄰人如愛自己；想怎麼被對待，就那樣去待人。」但我是她的奴隸，我猜她不會把我當鄰人。我會努力抹除那不切實際的錯誤記憶。我當時年紀還小，很愛我的女主人，而且回想我和她一同度過的快樂時光，就盡量不帶痛苦地去看待這不公平的行為。女主人在世的時候教會我讀書識字，這是奴隸少有的特權，我為此永遠懷念她。

女主人底下的奴隸不多，死後都分給了她的親屬。其中有五個是我外婆的小孩，和女主人母親的幾個子女一樣，全都吃外婆的奶水長大。雖然外婆長期忠誠地服務她的主人，但她的孩子卻沒有一個逃過拍賣。在奴隸主眼中，這些能呼吸的機器無非就像他們種的棉花、飼養的馬。

2 新主人

老弗林特是附近的一位醫生，與我前女主人的妹妹結婚，而我現在是他們小女兒的財產。我在來這個新家之前有點不開心，尤其讓我難過的是，弟弟威廉也被這家人買下。而我的父親由於個性，也因為他是一個有經驗的老練技工，所以比一般的奴隸更具有自由人的情感。威廉是個活潑的孩子，在父親的影響下長大，非常厭惡聽到男主人與女主人的名字。有一次父親和女主人同時叫他，他猶豫了，不知道該回應誰。他不知道哪一個人是他必須要服從的。最後他選擇了女主人。後來父親責問他，他說：「你們兩個一起叫我，我不知道要先聽誰的。」

「你是**我的**孩子，」我們的父親回答：「所以只要我叫你，不管上山下海你也要過來。」

可憐的威廉！現在，他要開始上第一堂順從主人的課了。當時外婆跟我們說了些鼓勵的話，在我們幼小無知的心中引起了共鳴。

我們進入新家時，遭遇到冷漠的眼神、話語以及對待。我們總是慶幸夜幕降臨。我躺在狹窄的床上嘆息、哭泣，感覺如此孤單、如此淒涼。

在那裡待了快一年，我有一個好友過世了。土塊落在棺材上，我聽見她母親的啜泣，那是她唯一的孩子。我離開了墓地，慶幸自己還擁有所愛的事物。這時我遇見外婆，她說：「跟我來，琳達。」我從她的語氣中，聽出是一件令人難過的事。她帶我離開人群，才說：「孩子，妳父親死了。」死了！我要怎麼接受？他死得太突然，我甚至沒聽說他病了。我和外婆一起回家，我一度想背叛上帝，祂帶走了我的母親、父親、女主人，還有我的朋友。外婆試圖安慰我：「誰猜得透上帝呢？或許他們被仁慈的上帝帶走，好從即將到來的厄運中解脫。」接下來幾年，我一直記得這段話。外婆答應我，假如情況允許，她會像媽媽那樣疼愛我們。我在她愛的鼓勵之下回去主人家，以為隔天早上會獲准去父親家裡一趟，但我奉命去採花裝飾女主人的房間，因為晚上有個聚會。我整天都在收集花朵，把它們編成花飾，而父親的軀體就躺在離我不到一英里的地方。我的主人有可能關心嗎？他只不過是一小部分財產。而且他們覺得父親把我們教壞了，他老是教我們把自己當成一個人——「學習」對奴隸來說是一種褻瀆，不但很脫序，對主人也很危險。

隔天，我往墳墓去，那個簡陋的墳墓在我親愛的母親旁邊。有些人知道我父親的才幹，也看重他的記憶。

我的家似乎比以前更沉悶。外面那些小奴隸的笑聲聽起來如此刺耳又殘忍，這樣看待他人的快樂很自私。弟弟表情沉重地走來走去，我試圖安慰他：「堅強一點，小威廉，光明的日子總會到來。」

「琳達，妳還不懂嗎，」他回答：「我們會在這裡一輩子，我們永遠都不會自由。」

我和他爭辯，說我們一天天成長，也越來越強壯，也許不久之後就能自由支配自己的時間，接著賺錢買回自由。威廉說，這說來容易，做起來難。而且他也不願意用錢**買回**自由。我們每天都在吵這個問題。

老弗林特醫生家裡，沒人在意奴隸吃什麼。如果奴隸能趁機拿到一點點食物就很好了。不過，這對我影響不大，因為我每次跑腿都會經過外婆家，她總會留些東西給我。結果我被主人警告，說如果我在外婆那停留，就要受到懲罰。外婆為了不耽誤我的時間，經常拿著東西站在門口，有時是早餐，有時是晚餐。**她**是我的所有慰藉，無論在精神上或物質上都是。她為我辛苦做了一些衣服，不過數量不多。我到現在還是清楚記得老弗林特夫人每年冬天發給我的亞麻羊毛連身裙，我非常厭惡它！那是奴隸的制服之一。

當外婆用她辛苦賺來的錢幫助我生活的時候，她借給她女主人的三百美元卻再也拿不回來。女主人去世時，她的女婿，也就是老弗林特醫生，被委任為遺囑執行人。外婆向老弗林特提出還錢的要求，他卻說遺產已所剩無幾，而且法律上也禁止償還。不過，法律似乎沒有禁止他擁有銀燭台——那是他用遺產買的。我想他們應該會把銀燭台當成傳家寶吧。

外婆的女主人生前曾答應她，自己死後就給外婆自由。據說女主人在遺囑裡兌現了這個承諾。但財產分配完成後，老弗林特醫生卻告訴這個忠誠年邁的僕人：依目前的狀況，她必須要被拍賣。

到了指定的日子，他們按慣例張貼告示，宣布將進行一場「黑人、馬匹等物品的公開拍賣」。老弗林特醫生說自己不願拍賣，以免傷害她。他寧願用私人交易結束這個案子。我外婆看穿了他的虛偽，她很清楚他是覺得有失面子。外婆是個勇敢的女人，如果女主人承諾她自由，而老弗林特醫生卻卑鄙到要賣了她——她就決定公開於世。很長一段時間以來，外婆一直提供餅乾、蜜餞給許多人家，大家都叫她「瑪莎阿姨」，認識她的人都很尊重她的聰明與品格。她長期忠誠地服務主人也是眾所周知，而且她的女主人打算解放她。當拍賣日到來，她站在拍賣品之間，第一次喊價時她被送上拍賣台。台下響起一片叫喊：「無恥！太無恥了！是誰要賣妳，瑪莎阿姨？別站在那裡，妳不應該在那裡。」外婆一言不發，靜靜地等候命運的安排。沒有一個人出價。終於，一個微弱的聲音說：「五十美元。」

聲音出自一位七十歲的未婚女士。她是外婆已故女主人的姐姐，曾經與外婆同住一個屋簷下四十年。她知道外婆多麼忠誠服侍主人，也知道外婆的權利被殘忍地剝奪了。她為了保護外婆而喊價。拍賣師等待著更高的價格，但事與願違——沒有更高的出價。她既不會識字也不會寫字，成交需要簽名時，就畫了一個十字架代替。那位女士擁有一顆仁慈而善良的心，她解放了台上的老奴隸。

那時，我外婆才五十歲，辛苦的日子已然過去。現在我和弟弟都是那個騙取外婆錢財與自由的人的奴隸。我母親有個姐姐叫南茜，也是他家的奴隸。南茜是個善良的好阿姨，也是我女主人的管家和侍女。她其實非常了解弗林特一家所有的事情。

老弗林特夫人與很多南方女人一樣缺乏活力。她沒有力氣料理家務，但她的心靈卻很強悍，可以舒服地坐在椅子上，看著女人被鞭打，每抽一下都鮮血直流。她是教會成員，不過參加聖餐並沒有讓她養成基督徒的心境。如果在禮拜日這個特殊的日子，僕人沒有準時上晚餐，她會一直站在廚房等著，然後把口水吐進每一個煮飯的鍋碗瓢盆，這是為了不讓廚子與孩子們吃殘留的肉汁與剩飯。奴隸們除了主人給的食物，本來就沒有其他東西吃。伙食以磅和盎司來計算，一天三份。我很確定老弗林特夫人不會讓任何奴隸打她麵粉桶的主意，或吃她一小塊麵包。她知道一夸脫麵粉能做多少餅乾，甚至知道餅乾應該要多大。

老弗林特醫生則是個美食家。廚子每次把菜飯端上餐桌時都提心吊膽，如果哪一道菜不合他胃口，他就會下令鞭打，或者強迫奴隸當場吃完。可憐又飢餓的廚子可能不會反對，但主人會把食物硬塞進她的喉嚨，直到快要窒息。

他們養了一隻狗，也非常惹人厭。有一次，廚子奉命準備玉米粥給狗吃。但牠一口也不吃，後來有人把牠的頭扶起來，發現白色的泡沫從牠嘴巴流到盆子裡。過了幾分鐘之後牠就死了。老弗林特醫生過來的時候，說一定是玉米粥沒煮熟，所以連動物也不願意吃。他把廚子叫來，強迫她把玉米粥吃完。他覺得這女人的胃應該比狗強，但後來她的痛苦證明他錯了。那個可憐的女人飽受主人與女主人的虐待，有時還被關著整整一天一夜，與她正在襁褓中的孩子分離。

我來這裡幾個星期之後，有一個種植園的奴隸聽命被帶來。他來的時候已經入夜了，老弗林特醫生下令把他帶到工作間，綁在矮樑上讓雙腳剛好離地，然後靜靜等著醫生喝完一杯茶。我永遠忘不了那一夜，我生命中從來沒聽過這麼多打擊聲，全都落在一個人身上。他那悲慘的呻吟，還有那句「啊，求你了，主人」在我耳邊迴盪了好幾個月。對於這種可怕懲罰的原因，大家有很多猜測，有人說他偷了玉米，有人說是他當著監工的面與妻子吵架，指責妻子懷了主人的孩子。這一對夫妻都是黑人，但孩子的膚色卻很白。

隔天早上，我去了工作間，看見牛皮鞭沾了血，木板上也血跡斑斑。這個可憐人活了下來，繼續與妻子爭吵。幾個月後，老弗林特醫生把他們交給一個奴隸販子。這個罪人把換來的錢放入口袋，直到那兩人消失在視線中，聽不見他們的聲音才心滿意足。那個剛做母親的黑奴被交到奴隸販子的手上，她說：「你答應要對我好一點的。」但主人卻回答：「誰叫妳管不住自己的嘴巴，死奴隸！」她忘記一件事：奴隸不被允許談論誰是她孩子的父親，這樣是犯罪。

這種狀況下，迫害也來自於主人之外的其他人。我曾經看到一個年輕女奴剛生產完沒多久，小孩就死了。那孩子幾乎是白皮膚。她在痛苦中哀號：「上帝啊，也帶我走吧！」而她的女主人站在一旁，笑得像是惡魔化身。「妳很痛苦？是嗎？」女主人大叫：「我很高興，妳活該有這種下場，再多也不為過。」

那個女奴的母親說：「嬰兒死了，感謝上帝。我祈禱這孩子也能快快去天堂。」

「天堂！」女主人斥責：「她跟她的野種根本不配去那裡。」

那傷心的母親轉過身，在一旁哭泣。她奄奄一息的女兒用微弱的聲音呼喚她，我聽見那女奴對俯身的母親說：「媽媽，別這麼難過。上帝知道一切，祂會憐憫我的。」後來她的痛苦越來越劇烈，女主人待不下去，離開屋子時還笑得很輕蔑。女主人有七個孩子。而這個可憐的黑人母親只有一個孩子，她眼睜睜看著女兒的眼睛在死亡中闔上，並感謝上帝讓女兒解脫。

3 奴隸的新年

老弗林特醫生在鎮上有一幢不錯的住所、幾個農場，加上大約五十名奴隸，每年還會另外雇用一些人。

在南方，每年的一月一日是奴隸交易日。隔天，奴隸們就會到新主人家裡。他們要在農場一直幹活到玉米、棉花成熟。接著可以休息兩天。有的主人會讓奴隸在樹下享受一頓豐盛晚餐。在此之後，他們要一直幹活到平安夜，如果這段時間沒有惹是生非的話，就可以放假四到五天，取決於主人或監工。接著又到了跨年夜。奴隸們會打包好自己的家當，或者更恰當地說，是他們微不足道的財產，然後焦急地等待黎明。到了約定的時間，賣場上擠滿了男人、女人與小孩，奴隸們等待發落，像是罪犯等著自己的判決。每一個奴隸都知道方圓四十英里內最仁慈的主人是誰，也知道最殘暴的是誰。

交易日當天，很容易看出誰給奴隸吃好穿好，因為這種人會被一群人圍著，他們不斷求

他：「老爺，今年請用我吧，我會**努力**幹活的，老爺。」

如果有個奴隸不想跟隨新主人，他就會被鞭打，或者關進監獄，直到他答應和主人走，並保證自己一年內不會逃跑。他能不能改變想法，認為自己可以違反這種強迫的承諾？只要被抓到，他就會大難臨頭。鞭子會抽到他的血流到腳下，僵硬的四肢還會被加上鐵鍊，將在田裡拖上好幾天！

假如他活到隔年，那雇用他的主人可能還是同一個——他甚至連去奴隸市場的機會都沒有。等到奴隸雇傭的交易完成之後，接下來就輪到奴隸拍賣了。

噢，快樂的自由女人啊，看看**妳的**新年跟那些可憐的女奴有什麼差別吧！妳有的是宜人的時節，白晝之光帶來好運。妳會處處遇見友誼祝賀，禮物多如牛毛。平時與妳疏遠的人，在這個時節也會變得友善，就算很少交談，也會問候一句：「新年快樂。」孩子拿著小小的禮物，嘟起粉色的嘴唇期待著擁抱。孩子屬於妳，除了死神，誰也不能將他從妳身邊奪走。

但對奴隸母親來說，新年充斥著一種特殊的哀傷。她坐在小屋冰冷的地板上，看著自己的孩子們，他們可能隔天早上就要跟她分離了。她常常希望自己與孩子們可以在天亮前死去。或許她只是個無知的生物，從小就被虐待她的奴隸制度給降級，但她具有母親的本能，能夠感受到母親會有的痛苦。

有一次我在拍賣交易那幾天，看見一名母親領著七個孩子到拍賣場。她知道有一**些**孩子會被帶走，但他們把**全部**帶走了。孩子們被賣給一個奴隸販子，而母親則被當地的一個男人買去。在天黑之前，她所有的孩子已經離她相當遙遠。她懇求奴隸販子告訴她孩子會被賣到哪裡，卻被拒絕了。奴隸販子根本**沒辦法回答**，因為他要把他們一個一個帶到能賣出最高價的地方。我後來在街上遇見那名母親，她淒涼、憔悴的表情至今仍留在我腦海。她痛苦地扭著雙手，喊道：「走了！一個不剩！上帝**何不**殺了我？」我無法用語言安慰她。這種情況每天——不，應該說每個小時都在發生。

奴隸主在他們的制度下，有一種拋棄**老**奴隸的特殊方法。這些人已經替他們服務得筋疲力盡。我認識一名老婦人，曾經忠實地服務主人七十年。繁重的勞役與疾病讓她幾乎絕望。然後她的主人搬往阿拉巴馬州，這個老黑奴則被留下，賣給任何一個願意出價二十美元的人。

4 敢於像人的奴隸

我進到老弗林特醫生家已經兩年了，雖然他們幾乎不給我機會學習其他知識，但我在這段日子學到了很多經驗。

面對我們這些失去雙親的孫子女，外婆一直盡己所能扮演母親的角色。她憑藉堅韌的毅力與辛勤的勞動，已經有個舒適的小家，家裡放了許多生活必需品。她很樂意與孩子們分享這一切。她剩下三個子女和兩個孫子女，都是奴隸。她努力想讓我們知道，這都是上帝的旨意：祂認為把我們放在這種環境比較合適。雖然看起來很苦，但我們應該祈求滿足。

這種信念相當美好，來自我這位非親生的母親。但我，還有她最小的兒子班傑明都反對這種想法。我們認為，上帝的旨意應該是要讓我們像她一樣生活。我們渴望有外婆這樣的家，可以在那裡找到慰藉來化解煩惱。她是那麼慈愛，那麼有同理心！她總是笑臉迎接，耐心傾聽我們所有苦水。她的話語充滿希望，讓烏雲在不知不覺中被陽光驅散。那個家還有一個大烤爐，給鎮上烤麵包和好吃的東西，我知道那裡總是有好事在等著我們。

可是，唉！就算舊烤爐多有魅力，也沒辦法讓我們跟自己艱苦的命運和解。班傑明長成了一個高大英俊的小夥子，他體格強壯、舉止優雅，擁有的勇氣與膽量對於一個奴隸來說太多了。我弟弟威廉今年十二歲了，他討厭「主人」這個詞的程度，跟他七歲時一模一樣。我是他的知己，他會帶著一切心事來找我。有一次我特別印象深刻，那是美好的春天早晨，我看見陽光灑滿大地，而這般美景似乎在嘲弄我的悲傷。因為我的男主人才剛離開，他那不知疲倦、貪婪、惡毒的本性無時無刻都在尋找目標，他講了一些刺耳又嚴厲的話——如火一般燒著我的耳朵和腦袋。啊，我多麼鄙視他！我幻想他有一天走在路上，大地突然裂開將他吞噬，世界於是少了一個災禍，那該有多好！

主人告訴我，我生來就是為他所用，生來就是一切都服從於他。他說我不過是個奴隸，必須也應該要服從他的意志，我瘦弱的手臂遠非我想像的那般強壯。

後來我沉浸在痛苦的沉思中，看不見也聽不到任何人進房，直到威廉的聲音在耳邊響起。他說：「琳達，什麼事情讓妳這麼難過？我愛妳。噢，琳達，這世界糟透了對吧？每個人好像都很生氣、很不高興。我真想在父親去世時就一起死了。」

我告訴他，不是所有人都在生氣或不高興。有些人很幸福，擁有美滿的家庭、善良的朋友，以及不怕去愛他們的人。但是無父無母的奴隸後代不可能幸福。可是我們一定要善良，這或許能讓我們活得滿足。

「沒錯，」威廉說：「我想當善良的人，但這有什麼用呢？他們永遠在找我麻煩。」他告訴我，他的小主人尼古拉斯下午如何弄他。尼古拉斯的弟弟似乎以誣陷威廉為樂。尼古拉斯聽信弟弟的謊言，說「威廉該被抽一頓，我要打他」，於是開始動手，但威廉勇敢反抗。小主人占了上風，想把威廉的雙手反綁起來卻沒有成功。一陣拳打腳踢之後，威廉逃了出來，身上多了一些抓痕。

威廉繼續說著小主人的卑鄙行為，說他如何鞭打其他**小孩**，但如果要跟同年紀的白人打架，就變成徹底的膽小鬼——這種情況他總是轉身逃跑。威廉還有更多指控。其中一件，是小主人用水銀把幾枚便士擦亮，拿去跟一個賣水果的老人換取二十五美分。小主人經常派威廉去買水果，威廉認真地問我到底該怎麼做。我說，欺騙老人當然不對，而他有責任把小主人的無理要求告訴老人。我向他保證，老人馬上就會知道一切，事情也就到此為止。威廉覺得這對老人來說是結束了，但對**他**可不是。他說自己不在乎鞭刑有多厲害，但就是不喜歡被**處以**鞭刑。

我勸他盡量寬容、善良的時候，不是沒意識到自己眼中的光芒。我正是知道自己的不足，才盡可能保留我弟弟那種與生俱來的火光。這十四年奴隸生涯不是一點意義都沒有。我的感覺與見聞，足夠讓我讀懂旁人的性格、懷疑他們的動機。我的生命之戰已經開始。雖然我是上帝最無用的造物之一，但我決定永不屈服。哎，為了我自己！

假如我有一塊陽光燦爛的純淨之地，我相信那一定是班傑明舅舅的心，還有另一個人的心——我把初戀的所有熱情給了後者。男主人一得知這件事，就想方設法要讓我痛苦。他沒有給我體罰，而是用人類所能想出的各種卑鄙、殘暴的手段。

我記得第一次被懲罰。那是在二月，外婆收走我的舊鞋子，換了一雙新的給我。我需要新鞋，當時積雪已經有好幾英寸，而且雪還在下個不停。當我走過老弗林特夫人的房間時，嘎吱作響的聲音刺激了她天生敏感的神經。她把我叫過去，問我身上有什麼東西發出那種可怕噪音。我說是我的新鞋子。「脫了它！」她說：「如果妳敢再穿，我就把它扔到火堆裡。」

我把鞋子脫了，襪子也是。然後她派我到很遠的地方辦事。我光著腳在雪地裡走路，非常刺痛。那天晚上我聲音沙啞地躺在床上，想著隔天他們會發現我生病，或許發現我已經死了。如果醒來之後我發現自己沒事，那可真是悲哀！

我曾以為自己如果死了，或是臥病在床一陣子，女主人或許會有點愧疚。我正是太不了解女主人，才會有這種幻想。

有時別人會出高價想買我，但老弗林特醫生總是說：「她不是我的。她是我女兒的財產，我沒有賣她的權利。」好誠實的人啊！我的小主人還只是個女孩，我根本得不到她的保護。我愛她，她也愛我。我有一次聽見弗林特醫生說小主人很喜歡我，結果夫人立刻說是因為小主人怕我。這讓我有一種不舒服的自我懷疑。那孩子其實不喜歡我，一切都是假裝的嗎？還是她的母親嫉妒她給我的一點點感情呢？我斷定是後者。我告訴自己：「一定是這樣，小孩子最真實了。」

一天下午，我做著做針線活，感覺心情異常沮喪。女主人不斷指責我犯了錯，但我向她保證自己完全是無辜的。我從她不屑、噘起的嘴唇中發現，她覺得我在說謊。

我不知道上帝帶我走過這條荊棘之路有什麼高尚的目的，也不知道往後的日子是否會更黑暗。當我思考這些事情，門輕輕推開了，威廉走進來。「老弟，」我說：「這次又怎麼了？」

「噢，琳達，班傑明和他的主人發生了可怕的事！」他說。

我的第一個想法是班傑明被殺了。威廉說：「別害怕，琳達，我來告訴妳事情的經過。」

事情似乎是這樣的。班傑明的主人派人去叫他，但班傑明沒有立刻聽從召喚。當他過去時，主人非常生氣，準備鞭打他一頓。班傑明拒絕被打。就這樣，主人和奴隸打了起來，最後主人被打倒在地。班傑明當然有害怕的理由，因為他把主人打倒在地上——後者是城裡最有錢的人之一。我焦急地等待著事情的結果。

那天晚上，我悄悄地去了外婆的小屋，班傑明也從主人家逃過來。外婆那時剛好去拜訪鄉下的一個老友，要一、兩天才會回來。

「我來這，」班傑明說：「是要跟妳道別的。我要離開了。」

我問他要去哪裡。

「到北方去。」他回答。

我盯著他，看他是否認真。然後從他堅決而固執的語氣知道一切。我求他別走，但是他不聽我的話。他說他不再是小孩了，在這裡的每一天都只會讓他的枷鎖變得更重。他已經揍了主人，會因此被當眾鞭打。我提醒他，在陌生環境會碰到的窮苦，也說可能會被捉回來。光想就令人發抖。

他變得煩躁，問我自由之下的貧窮與困苦，是不是比我們在奴隸制度下的遭遇更好。他繼續說：「琳達，我們在這裡是狗，是足球，是牲畜，是一切低級的東西。不，我不會留下。就讓他們把我捉回來，反正一個人只會死一次。」

他說得沒錯，但要我放棄他真的很難。「你去吧，」我說：「就去傷透你媽媽的心吧。」

話還沒說完我就後悔了。

「琳達，」我從沒聽過班傑明這種語氣：「妳怎麼**能**那樣說？可憐的媽媽！琳達，照顧好她，妳自己也是，還有芬妮姐姐。」

芬妮是我們的朋友，和我們一起住過幾年。

我們互相告別，然後這個聰明善良、受我們喜愛的男孩，就從大家的視線中消失了。

沒有必要細說他如何逃走。總而言之，他坐船去紐約，途中受到了暴風雨侵襲。船長說必須開往最近的港口。這句話倒是提醒了班傑明，他發現自己的通緝告示應該會貼在家鄉附近的港口。船長已經察覺他的不安。一到港口，船長馬上看見告示。班傑明完全符合描述，船長立刻把他抓起來，用鐵鍊綁上。風暴停止之後，他們繼續往紐約前進。到達港口之前，班傑明掙脫鐵鍊，把鍊條丟進海中。他從船上逃出來，被人追補、捉住，然後帶回他主人那裡。

我外婆回家之後，知道她的小的兒子逃走了，非常難過。但她帶著她獨有的虔敬，說：

「這是上帝的旨意。」她每天早晨都在打聽班傑明的消息。沒錯，她終於**聽見**消息了。班傑明的主人收到一封信，內容是他的奴隸財產已經被找回，這讓他很滿意。

那一天彷彿昨日，我記得非常清楚。我看見他戴著鐐銬走過街上，被帶往監獄。他臉色蒼白得可怕，卻意志堅定。之前他懇求一名水手叫外婆別來看他。因為他如果看見母親的痛苦一定會失去理智。外婆很想見他，所以還是來了。但她把自己藏在人群中，正如班傑明所希望的。

我們不被允許探望，但我們認識那個獄卒很多年了，他是個心地善良的人。午夜時分，他打開監獄的門，讓喬裝好的我和外婆進去。牢房裡一點聲響都沒有。「班傑明，班傑明！」外婆小聲說。沒有回應。「班傑明！」她再次顫抖地叫道。鏈子發出了聲音。月亮剛剛升起，從窗戶透進來朦朧的光線。我們跪下來，握住班傑明冰冷的雙手。沒有人說話。只有啜泣聲，班傑明終於開口了。因為他的母親靠著他脖子哭泣。那個悲慘的夜晚歷歷在目，現在又浮現在我記憶中！母子一起說話。他求母親原諒自己給她帶來的痛苦。外婆說沒有什麼要原諒的，她不能責怪他對自由的渴望。他說自己被捉住時掙脫了，而當他準備跳河，卻突然想起媽媽，所以沒那麼做。她問他是不是也想起上帝了。我看見他的臉在月光下變得猙獰。他回答：「沒有，我沒想到祂。當一個人像野獸一樣被追捕時，就會忘記還有上帝，忘記天堂。他為了躲開那些奴隸獵人，把所有事都忘記。」

「別這麼說，班傑明，」她說：「你要相信上帝。謙遜一點，孩子，你的主人會原諒你的。」

「為了什麼原諒我，媽媽？為了讓他可以把我當狗使喚？不！我絕對不會在他面前低頭。我為他做白工一輩子，換來的就是挨打跟坐牢。我會在這裡直到我死，不然就是被他賣掉。」

聽他這樣說，可憐的外婆開始發抖。我相信班傑明也發現了，因為他下一句話比較緩和。「別擔心我，媽媽。我根本就不配，」他說：「我希望自己能有妳的善良。妳耐心地忍受一切，就像妳認為每一件事都是好事。我也希望我以前也這樣想。」

她對他說，自己不是一向如此，也曾經和他一樣。但災難降臨在身上，卻沒有人可以依靠時，她學會向上帝求救。祂減輕了她的負擔。她懇求兒子也這樣做。

我們超過了探視時間，必須立刻離開監牢。

班傑明被關了三個星期之後，外婆去他主人那裡求情。對方表示不可能，說班傑明的例子會給他的奴隸同胞們樹立警告——班傑明應該被關到聽話，或者有人出價一塊錢為止。不過，後來主人的態度比較緩和了。班傑明身上的鎖鏈被解開，我們也獲准去探望。

牢裡的食物是最糟的，我們盡可能給他送些熱的飯菜，外加給獄卒的一些小禮物。

三個月過去了，沒有釋放的可能，也沒有出現買家。某一天，有人聽見班傑明又唱又笑，於是把這無禮的行為告訴他的主人。主人於是下令將他再套上鐵鍊。他現在和其他囚犯關在同一間，那些人穿著污穢不堪的破衣。班傑明跟他們鎖的很近，很快就渾身是蝨。他甩著鐵鍊，直到成功掙脫，然後把蝨子丟出窗欄，要求送去給他的主人，這樣主人才會知道他身上都是蝨。

這魯莽的行為替他加上更重的鐵鍊，也被禁止探視。

外婆繼續給他送乾淨的衣服，把舊衣服燒掉。我們在監獄裡見他的最後一晚，外婆仍然在求他徵得主人原諒。但一切勸說、爭辯都無法使他改變心意，他平靜地說：「我等他發落。」

鐵鍊的聲音聽起來很悲傷。

又過了三個月，班傑明離開了監獄。我們這些深愛他的人，等著與他做最後告別。他被一個奴隸販子買走了。讀者應該記得，前面寫過他十歲的賣價是七百二十美元。現在他二十多歲了，只賣了三百美元，而他的主人對這些錢視而不見。長時間的監禁讓他臉色蒼白，身體消瘦，而且奴隸販子聽說過他的個性，覺得他不太適合當奴隸。奴隸販子說，如果這個帥氣的小夥子是女孩，他願意出任何價錢。感謝上帝他不是。

你看過奴隸販子把鐵鍊套上孩子手腕時，母親緊緊抓著自己孩子的樣子嗎？你是否聽到她撕心裂肺的呻吟，看見她布滿血絲的雙眼在人群之中搜索，徒勞地乞求憐憫？如果親眼目睹我所見的一切，你會怒吼，**這該死的奴隸制**！班傑明，她最小的孩子，她的寶貝，就要永遠離開了！她沒辦法接受。為了搞清楚能不能買下班傑明，她已經跟奴隸販子談過了。對方說這不可能，他已經約定好要賣到別州——保證到紐奧良（New Orleans）之前不會都把班傑明賣掉。

我外婆憑著強壯的臂膀與堅定的信念，開始為愛拼命。班傑明必須自由。如果成功了，她知道他們仍然會被分開，但至少犧牲不會太大。她日夜操勞。奴隸販子給的價格將會是原本的三倍，但她並不氣餒。

外婆花錢請人寫信給她認識的、住在紐奧良的一位先生。她懇求那位先生參與競標班傑明，對方欣然答應。他看到班傑明時表示自己的來意，班傑明向他道謝，但他說想在跟奴隸販子報價之前等一等。班傑明知道那位先生已經盡量出個高價，卻一直失敗。這再次激起班傑明追求自由的決心。有一天，班傑明在天亮之前消失。他躲在藍色的波濤之上——一艘開往巴爾的摩（Baltimore）的船。

這次他的白臉幫了他一個大忙。沒人懷疑他是奴隸，否則法律會嚴格執行，讓他在奴隸制度下就範。最明亮的天空總是被最陰暗的烏雲遮蔽，班傑明生病了，不得不在巴爾地摩待上三個星期。體力恢復得很慢，他想趕快上路的欲望似乎阻礙了復原。少了鍛鍊與新鮮的空氣，他要怎麼恢復體力？他決定冒險出去走一走。他選擇了一條小巷，以為在那裡不會碰見熟面孔。但有個聲音喊道：「嘿，阿班，我的孩子！你在這做什麼！」

他第一個反應就是逃跑，但他雙腿發抖，根本動彈不得。他轉身面對他的敵人，看哪，站在那裡的竟然是他老主人的隔壁鄰居！班傑明以為這次真的完了，但結果並非如此。那個人簡直是奇蹟。他有非常多奴隸，而且聽得見那種彷徨無助時的心跳聲——那種劇烈心跳很少發生在奴隸主的胸口。

「阿班，你病了，」他說：「為什麼你看起來跟鬼一樣。我猜是我害的。別擔心，阿班，我不會對你怎樣。你受的苦難真不小，你可以快樂地走自己的路。但我勸你快點離開，因為這裡來了幾個我們鎮上的人。」他告訴班傑明去紐約最近、最安全的路線，並補充說：「我很樂意把見過你的事告訴你母親。再見，阿班。」

班傑明轉身離去，心中滿是感激。他驚訝地發現，那個他痛恨的小鎮竟然還有這種善人——一個純粹的善人。

這位先生在北方出生，娶了個南方姑娘。回去之後，他告訴外婆自己見過她兒子，也說了那時的狀況。

班傑明安全抵達紐約，決定先做休息，等到有足夠力氣再繼續前進。碰巧，外婆唯一還在身邊的兒子正好去紐約替女主人辦事，兄弟倆因為天意而相遇。你可以猜到這有多開心。「噢，菲利浦，」班傑明叫道：「我終於到這裡了。」然後他告訴菲利浦自己離死神有多近，而自由之地就在眼前，他多麼渴望自己能活下去，吸一口自由的空氣。他說，現在活著有意義，想死沒那麼簡單。從前在監獄裡他不看重生命，有一次還試圖尋死，但不知被什麼阻止了。或許是恐懼，他聽過那些自稱虔誠的人說「自殺的人不能上天堂」。他現在已經很苦了，不想到另個世界還是如此。「如果我現在死了，」他喊道：「感謝上帝，我將以一個自由人的身分死去！」

他求菲利浦不要回南方，留下來跟一起工作，直到賺夠錢再回家贖人。但哥哥告訴弟弟，如果在麻煩之中丟下母親，那她會死的。她已經抵押了她的房子，而且還想籌更多錢來贖他——但班傑明真的會被贖回嗎？

「不，不可能！」班傑明回道：「菲利浦，你以為我擺脫了他們的控制，還會給他們一分錢嗎？不！你以為我想在媽媽老了之後還把她趕出家門？我會讓她付出這麼多血汗錢，結果根本永遠見不到我嗎？你也知道，只要她其他孩子還是奴隸，她就會一直待在南方。多好的媽媽！菲利浦，告訴她去贖回你吧。你是她的慰藉，而我只是個麻煩。還有琳達，可憐的琳達，她又會怎樣？菲利浦，你不知道他們給她怎樣的生活。她告訴我一些事，我多希望老弗林特是個好人，不是的話乾脆去死一死。我在監獄的時候，老弗林特問琳達是不是想要**他**去幫忙跟我主人求情，讓我回家。琳達說，不，因為我不想回去。老弗林特很生氣，說我們都一樣。我對我主人的蔑視，根本還不到我對那傢伙的一半。有更多奴隸主比我的主人更壞，但無論如何我也不要做老弗林特的奴隸。」

班傑明生病時，為了支付開銷把自己幾乎所有衣服都賣了。但是他始終沒有賣掉那個小胸針。那是離別時我給他的，是我有過最值錢的東西，我覺得沒有人比他更適合。班傑明還留著。

菲利浦給他買了衣服，把自己所有錢都給他。

分別的時候，兩人的眼眶都濕了。班傑明轉身時說：「菲利浦，我會離開我所有家人。」確實如他所說，我們再也沒有任何他的消息。

菲利浦舅舅回到家，第一句話就說：「媽媽，班傑明自由了！我在紐約看到他。」外婆站在那裡茫然地看著他，空氣都凝結了。「媽媽，你不相信嗎？」他把手輕輕放在母親的肩上。外婆舉起雙手，大聲喊道：「感謝上帝！讓我們感謝祂吧！」她說完就跪了下來，虔誠地禱告著。菲利浦坐下來把班傑明說的一字一句都重複給她聽。他一切都說了，但沒說她的小寶貝生過重病、臉色蒼白。既然外婆沒辦法替他做什麼，又何必讓她難過呢？

這個勇敢的老婦人依舊辛勤工作，期待可以救出其他孩子。不久之後，她成功贖回菲利浦。她付了八百美元，拿著那一份證明他自由的珍貴文件回家。那一晚，母子倆幸福地坐在舊壁爐旁邊，告訴大家他們多麼為彼此驕傲，要向世界證明他們可以照顧自己，正如他們一直以來照顧別人。我們最後下了結論：「誰**甘願**做奴隸，就讓他做奴隸吧。」

5 少女的考驗

我在老弗林特醫生家工作的最初幾年，由於負責照顧女主人的孩子們，因此已經習慣有一些特權。這似乎沒什麼不對，我對此心存感激，並且試著用忠實的服務來報答這種恩情。但我現在十五歲了——這是女奴人生中的悲慘時期。

我的主人開始在我耳邊低聲說一些邪惡的話。我雖然年輕，但並不是一無所知。我試著無視或鄙視。我和男主人的巨大年齡差異，以及他擔心自己的行為可能會傳到我外婆耳裡，讓他忍了好幾個月都不敢對我下手。他是個狡猾的人，用許多手段來達成目的。他有時急躁又可怕，讓他的受害者渾身發抖。他有時認為自己已經征服受害者，反而表現出另一種溫柔。兩者相比，我寧願選擇他的暴躁，但這也讓我害怕。

老弗林特想盡辦法要敗壞外婆教給我的純淨思想。他讓我的幼小心靈充斥一些只有邪惡的怪物才能想到的、不潔的畫面。我帶著厭惡與憎恨轉身過去，但他是我的主人。我被迫和他住在同一個屋簷下——在那裡我看見了一個大我四十歲的男人，每天都在與最神聖的人性背道而馳。他說我是他的財產，必須凡事順從他。

我的心靈厭惡這種下流的暴虐。但我要去哪裡尋求庇護？無論女奴的皮膚黑得跟黑檀木一樣，還是白得跟她的女主人一樣，沒有一項法律能保護她免於侮辱、暴力，甚至死亡。這一切都是由人形的惡魔所為。女主人原本該保護那無助的受害者，但她對我除了嫉妒與憤怒之外沒有絲毫同情。

我無法用言語描述奴隸制度帶來的墮落、錯誤與邪惡，這絕對遠遠超過你願意相信的。當然，假如願意相信數百萬個無助之人在這殘酷奴役中受難的一半真相，那在北方的你絕不會幫忙勒緊枷鎖。在北方，你當然會拒絕替主人幹活；而在你生活的國家，訓練有素的獵犬跟南方最下等的白人正在從事那下流又殘酷的工作。

無論在何方，時間都帶來不少罪惡與悲傷。但在奴隸制度中，生命的黎明被陰影籠罩。就算是已經習慣服侍女主人和小主人的年輕女奴，在十二歲之前，也會知道女主人討厭某些奴隸的原因——或許新生兒的母親就在那些可恨的奴隸之中。

她聽見女主人妒火中燒的聲音，一定就會明白。她將早早知道世間的邪惡。她很快就會學到，聽見主人的腳步聲要開始顫抖。她將被迫發現自己再也不是小孩。如果上帝賜予她美貌，那將會是最大詛咒。在白人女人身上令人羨慕的東西，只會加速女奴的墮落。我知道有些人的遭遇太過殘暴，以至於感覺不到自己處境的屈辱——但很多奴隸對此相當敏感，結果從那些記憶中退縮了。

我無法說出我在這些錯誤面前遭受了多少苦，也說不出現在回想起來有多麼難受。主人與我處處相遇，耳提面命我屬於他，並發誓他絕對要強迫我服從。如果我賣力幹活一整天之後出去呼吸新鮮空氣，他的腳步聲會緊跟在後。

我跪在母親墳前的時候，他的影子會遮住我，大自然賦予我的好心情立刻變得沉重，充滿了不祥預感。主人家中的其他奴隸注意到這種變化，有很多人表示同情，但沒人敢問原因。也沒必要查個究竟，他們早就知道這屋簷下發生的罪惡，也知道把事實說出來是一種罪刑，不可能不受懲罰。

我渴望找到能吐露心聲的人。我原本應該不顧一切將頭靠在外婆懷裡，傾訴所有煩惱。但老弗林特醫生發誓，如果我不像死人一樣安靜就會殺了我。那時外婆雖然是我的一切，但我對她又愛又怕。我已經習慣用一種敬畏的態度來尊敬她。

我還很年輕，對她說這種不純潔的事情會難為情，尤其是我知道她非常嚴格。而且，她是一個脾氣很大的女人。她平常安靜，但生氣起來很難平息。我聽說她有一次拿出上膛的手槍追趕一個白人，因為那傢伙冒犯了她的女兒。

我害怕暴力的後果，加上自尊與恐懼讓我沉默不語。我沒有向外婆吐露心事，甚至避開了她的警覺與詢問，但只要她住在附近，對我來說就是一種保護。她當過奴隸，但老弗林特醫生卻還是怕她。他怕聽見外婆的痛罵。此外，外婆有很多熟人與客人，老弗林特不希望醜事被公開。幸運的是，我不是住在遙遠的種植園，而是住在一個不大的城鎮，人們不會對別人的事一無所知。在蓄奴社會裡的法律與習俗是很惡劣，但老弗林特醫生身為專業人士，還是覺得自己體面一些比較好。

啊，那個人給我帶來了多少日夜的恐懼與悲傷！讀者，我把我在奴隸制度下的苦難如實寫出來，並不是為了喚起同情。我這樣做是為了點燃你們胸中的惻隱之心，因為我有很多姐妹仍被奴役，遭受跟我一樣的苦難。

我曾看見有兩個漂亮的小孩一起玩耍。一個是美麗的白人孩子，另一個是她的奴隸，也是她同父異母的妹妹。當我看見她們擁抱彼此，發出歡樂的笑聲，我傷心地轉身避開了這可愛的畫面。我已經預見這個小奴隸心中無可避免的痛苦。

我知道她的笑聲很快就會變為嘆息。白皙的小孩長大會更美麗，她從女孩到女人，人生道路上鮮花盛開、陽光燦爛。當她快樂結婚的那一天，她生命中幾乎沒有過烏雲密布。

而她的奴隸妹妹，她童年的玩伴在那些時光中發生了什麼？她，同樣也很漂亮，但愛情的鮮花與陽光不屬於她，她被迫飲下罪惡、恥辱與痛苦，正如她受迫害的同胞們。

你們自由的北方人，看到這些怎麼都沉默了？你們的口舌為什麼對於這種公理就結結巴巴？但願我更有能力！我胸中滿是熱血，手上的筆卻很無力！有一些高尚的人替我們發聲，努力幫助無法自救的人。願上帝保佑他們！願上帝賦予他們前行的力量與勇氣！願上帝保佑世上為了人道事業而努力的人！

6 嫉妒的女人

我寧願我的孩子是食不果腹的愛爾蘭貧民，也絕對不願是美國待遇最好的奴隸。我寧願一生都在棉花種植園裡做苦工，直到墳墓敞開讓我安息，也不願跟無恥的主人、嫉妒的女主人生活在一起。一個重刑犯該住在監獄，他可能會懺悔，在歧路中回頭，並從而尋得平靜。但一個被主人看上的女奴卻不是這樣，她的人格不被允許有任何自尊，她想要善良的想法被認為是罪過。

我出生之前，老弗林特夫人就掌握了她丈夫性格中的關鍵。她本來可以用這種認知來勸告、篩選奴隸中那些年輕又無辜的人。但她對她們毫無同情，而經常猜疑並惡意攻擊。她時時刻刻觀察丈夫的行為，但老弗林特已經很熟練，會用各種方法避開。如果他找不到機會用說的，那他就會用暗示的，他發明的東西比聾啞機構裡的還更有創意。我忽略那些事，裝成完全不懂，結果因為太愚鈍而受到詛咒與威脅。有一天，他發現我在自學寫字，他皺起眉頭，似乎不太高興。但我想他得出了一個結論：這有助於他達到他最愛的計畫。不久之後，我常常被塞紙條。我會退回去，說「我看不懂，先生」。他回答：「妳不懂？那我只好讀給妳聽了。」讀完之後他都會問：「懂了嗎？」有時他會抱怨茶室太熱，叫人把晚餐放在廊道的一張小桌上。他會帶著滿意的笑容坐在那，要我站在旁邊趕蒼蠅。他吃得很慢，每一口都會停下來。這些間隔都被他用來描述他的快樂，但我太笨所以聽不懂，他只好用懲罰來威脅，最後我終於固執地忤逆了他。他自詡對我很寬容，提醒我他的忍耐是有限度的。我在家刻意避開與他說話的機會，這招有效，卻被叫到他的辦公室做事。在那裡，我不得不站著聽他說一些他認為我適合聽的話。有時我表現出蔑視，他就會暴怒，但我不懂他為何不動手打我。在這種狀況下，他可能覺得克制是更好的手段。但情況一天比一天糟。我在絕望中告訴他，我必須、也將會向我的外婆尋求保護。他威脅我，如果我跟外婆告狀就會死，甚至比死更可怕。說來奇怪，我沒有絕望。我天生是個樂天派，總是抱著能擺脫他控制的希望。就像許多貧窮、單純的奴隸前輩們，我相信在自己的黑暗命運中，仍會織入幾條快樂的絲線。

我已經十六歲了，我的存在對夫人來說難以忍受，這種感覺日趨明顯。她和丈夫之間經常吵架。老弗林特醫生從沒有處罰過我，也不允許其他人處罰我。她在這件事上一直很不滿。她生氣時對我說的話簡直惡毒至極。然而，雖然她對我恨之入骨，但比起老弗林特我卻還更同情她——因為讓她幸福是他的責任。我從沒錯怪她，或是想要錯怪她，只要她一句好話我就會向她致敬。

老弗林特醫生與妻子反覆爭吵之後，打算讓他四歲的小女兒睡在自己的房間。這樣一來，就必須有個僕人睡在同一間房裡照看孩子。我被選中擔任這份工作，然後知道了這樣安排的原因。我白天時想盡辦法待在別人的視線範圍，目前為止都成功躲過主人——儘管我的喉嚨時常像是被剃刀抵住，強迫我改變這種方式。

原本晚上我睡在姨婆身邊，因此很有安全感。老弗林特醫生很謹慎，沒有進她房間。她是個老婦人，在這個家很多年了。而且醫生身為已婚的專業人士，覺得自己某種程度上有必要顧全面子。但他決定清除他計畫的所有障礙。他認為這樣能保護他不被懷疑。他知道我很珍惜姨婆的庇護，決定把這個庇護奪走。第一天晚上，醫生讓小孩單獨待在他的房裡。第二天早上，我奉命在當天晚上擔任保母。上帝眷顧了我。夫人聽見這個新安排，一場暴風雨發生了。我很高興聽見那風雨的呼嘯。

沒多久，女主人派人叫我到她房裡。第一個問題是：「妳知道妳要睡在醫生的房間嗎？」

「是的，夫人。」

「誰叫妳睡的？」

「我的主人。」

「妳能誠實回答我所有問題嗎？」

「是的，夫人。」

「既然妳想被原諒，那就告訴我，我指控的事情妳都是清白的嗎？」

「是的。」

她拿給我一本《聖經》，說：「把妳的手放在胸口，親吻這本神聖的書，並在上帝面前發誓妳對我說的都是真話。」

我照她要求的宣誓了，而且問心無愧。

「妳用了上帝的聖言來證明清白了，」她說：「如果妳敢欺騙，要當心！現在拿把凳子，坐下來，直視我的臉，把妳和妳主人之間發生的所有事都告訴我。」

我照她說的做了。我繼續說著，她的表情不斷變換，她哭了，有時還對我抱怨。她的音調如此悲傷，讓我感受到她的難過。淚水湧上了我的眼眶，但我很快就發現，她那激動情緒根源於憤怒與自尊受創。她覺得婚姻誓言被褻瀆，尊嚴受到侮辱。她不同情她不忠丈夫的可憐被害者。她自憐是殉道者，卻無感於那些不幸、無助的女奴所處的恥辱與悲慘。她或許對我還有些情感，因為她在談話結束時表現得很親切，而且答應會保護我。假如我能對她這番話有信心，那應該會感覺安慰，但奴隸制度下的經歷讓我對她充滿不信任。她不是很有教養的女人，不善於控制情緒。我成了她妒忌的對象，也因此成了她憎恨的對象。我知道在這種情況下不可能指望她的善意或信任，我不能怪她，無論是奴隸主的妻子與其他女人，在類似處境下的感受都是一樣的。她的妒火是被星火點燃，而現在太過強烈，醫生不得不放棄了原來的安排。

我知道是我點燃了火炬，也知道之後會為此付出代價。但我因為太感謝女主人的及時幫助，所以沒將這件事放在心上。現在，她讓我睡在她隔壁的房間。我在那裡受到特殊看顧——這也沒給她太多安慰，因為她為了「照顧」我花了很多不眠之夜。有時我醒來，發現她正俯身看著我。有時她會在我耳邊低聲說話，彷彿在學她丈夫在跟我說話，然後仔細聽我的回答。如果嚇到我，她通常會偷偷溜走，然後隔天早上說我睡覺時一直說夢話，問我在跟誰說。最後，我漸漸覺得生活充滿恐懼，感覺自己時常受到威脅。讀者，或許用想像的會比我描述得更真實，如果你在夜深人靜時醒來，發現有個嫉妒的女人俯身看著你，那種感覺有多麼不舒服。這種經驗雖然可怕，但我擔心這只會將我推向更可怕。

女主人厭倦了日日夜夜的監視，她並不因此而滿意，於是改變策略。她現在竟然直接當著我的面耍詐，胡亂指控她丈夫，還讓我變成控告方。令我驚訝的是，老弗林特醫生回答：「我不信。如果她承認，也是妳折磨到她揭發我的。」折磨到揭發他！魔鬼馬上就看出他靈魂的顏色！我知道他這樣說謊是為了什麼。那是為了讓我知道：向女主人尋求保護沒有好處，權力仍掌握在他手上。我很同情老弗林特夫人。她是第二任妻子，比丈夫小很多歲。這個白髮蒼蒼的惡人應該去試試另一個更聰明、更善良的女人的耐性。她完全挫敗了，不知該如何是好。她本來想痛快抽打我一頓，理由是我被強迫說的那些謊，但正如我先前所說，醫生不准任何人打我。這個老罪人很狡猾，因為鞭打可能會造成一些流言，讓他的本性暴露在兒孫輩面前。我常常慶幸自己在一個居民都互相認識的城鎮！如果住在偏遠的種植園，或是眾多人口的城市，那今天我這個女人不可能還是活的。奴隸制度的許多祕密都被隱藏了，像是異端審判一樣。據我所知，我的主人是十一個奴隸的父親。但這些母親敢說出孩子的父親是誰嗎？而其他的奴隸除了私下講之外，誰敢提起這件事？不可能！他們太清楚後果的可怕。

無可避免，我的外婆看見了蛛絲馬跡。她擔心我，於是想盡辦法要贖回我，但那個回答永遠不會變，老弗林特一再重複：「琳達不屬於**我**。她是我女兒的財產，我沒有出售她的合法權利。」這個小心的男人！謹慎到不把我**賣掉**，卻要無所忌憚地對一個無助的女孩（他女兒的財產）犯下更大錯誤。有時，這個加害者會問我是否想被賣掉。我告訴他，我寧願被賣給任何人也好過現在。他會裝得很受傷，責備我忘恩負義。「我不是讓妳進屋內，讓妳陪伴我自己的小孩嗎？」他說：「**我**曾經像對待黑人一樣對待過妳嗎？我從沒讓妳受罰，甚至不處罰妳來取悅妳的女主人。結果這就是我的回報，妳這忘恩負義的丫頭！」我回答，他是因為某些原因才偏袒我、讓我免於受罰，而他這種方式卻讓女主人討厭我、為難我。我如果哭了，他會說：「可憐的孩子！別哭！別哭！我會讓妳和女主人和平共處的。用我的方式處理。可憐的傻姑娘！妳不知道怎樣對妳比較好。我會珍惜妳的。我會讓你變成一位夫人。現在去吧，想想我答應過妳的所有事。」

我確實想過。

讀者們，我不是在虛構南方家庭的樣貌。我現在說的是簡單不過的事實。然而當被害者從奴隸制度的獸爪中逃脫，北方人卻同意扮演奴隸獵人的角色，把可憐的逃奴追捕回那些獸穴，「那裡面滿是死人骨頭，還有一切污穢之物」。不僅如此，他們還願意將女兒嫁給奴隸主，甚至以此為榮。那些可憐的姑娘，她們幻想在那陽光明媚的地方，常年開花的藤蔓庇蔭了一個幸福的家。她們注定要失望！年輕的夫人很快就會發現，自己把幸福交給了不顧她婚姻誓言的丈夫。各種膚色的孩子和她可愛的孩子一同玩耍，她知道這全都是她自家的小孩。

嫉妒、憎恨入侵她華美的家，美麗被破壞殆盡。

南方女人常常選擇的婚姻對象，是那些已經有很多奴隸私生子的男人。她們不為這些事操心。她們把那些孩子當作可變賣的財產，像種植園裡的豬隻。她們一定會讓奴隸們意識到這件事，因為私生子通常很快就會被她們交給奴隸販子，從而趕出自己的視線範圍。不過，我很高興有一些值得尊敬的例外。

我認識了兩位南方的夫人，她們勸服丈夫解放與他們有「親子關係」的奴隸。她們的要求獲准了。丈夫們在妻子高尚的秉性前羞紅了臉。雖然她們只是提議丈夫去做該做的事，卻博得了他們的尊敬，讓他們做出模範行為。不再有隱瞞。信任取代了不信任。

「道德感」雖然因為這個壞制度而變得麻木，甚至在白人女性中達到可怕的程度，卻沒有完全消失。像這種了不起的先生，我是有聽南方的夫人們說過：「他不只不覺得當小黑人的父親丟臉，竟然還不羞於自稱是他們的主人！我認為，所有體面的社會都不該容許這種事！」

7 愛人

奴隸為什麼會有愛呢？為什麼要任憑心靈的枝蔓，纏繞在隨時可能被暴力奪去的東西上呢？當死亡之手帶來分離，虔誠的人會順從地低頭說：「不是我的意志，而是祢的意志，主啊！」不過如果是其他人無情的手，他不管受到何等痛苦都很難順從。我還是小女孩的時候不會這樣想，青春就是青春。我喜歡並放任這種希望：我認為我四周的烏雲會被光明驅散。我忘記我出生之地的陰影太過濃密，以致於光線無法穿透。在那個地方，

> 笑聲不是歡樂，想法不是心靈，文字不是語言，甚至人也不是人類。在那個地方，哭喊應著詛咒，尖叫應著擊打，每個人都在各自的地獄裡受折磨。

附近有個年輕木匠，是一個生而自由的黑人。我們從小認識，之後也經常見面。我們相

互依戀，他接著向我求婚。我用年輕女孩初戀的所有熱情愛著他。但我一想到自己是奴隸，法律不允許我這種人結婚，心情就變得非常沉重。我的愛人想買下我，但我知道老弗林特醫生固執又專制，不可能同意。我一定會在他那裡遇到麻煩，而且女主人那裡也不會有希望。她很高興可以擺脫我，但不是用這種方式。如果我是被賣去偏遠的州，她才可能落下心中的大石。而我如果沒有贖身就在附近結婚，還是一樣會受到醫生的支配——因為奴隸的丈夫沒辦法保護妻子。此外，正如許多人，女主人似乎也認為奴隸沒有權利擁有自己的家庭。他們認為奴隸生來就是為了服侍女主人的家庭。我聽過她底下一個年輕女奴的故事，那女孩說有個黑人想娶她為妻。「小姐，要是我再聽到妳提起這件事，就把妳剝皮醃了吃。」她說：「妳認為我會讓妳照顧**我的**孩子，加上妳跟那個黑鬼的孩子嗎？」這個女孩生過一個黑白混血兒——白人父親當然不會承認。而那個愛著她的可憐黑人則會很驕傲地承認，那個小孩就是自己無依無靠的後代。

許多不安的想法在我腦海中縈繞，我不知所措。最重要的是，我不想我的愛人遭受那種深深刺入我靈魂的侮辱。我和外婆談了這件事，也說出我的部分恐懼。我不敢說出最壞的部分。她早就懷疑一切不對勁，如果我證實了那些懷疑，我知道風暴會降臨，而我所有的希望都會瓦解。

這個愛情之夢讓我通過許多難關，不能冒險讓它消失不見。附近住了一位女士，是老弗林特醫生要好的朋友，經常來家裡拜訪。我很敬重她，她也總是對我表現出友善的關心。外婆認為她對醫生有很大的影響力。我於是去找這位女士，把我的經歷告訴她。我說，我知道自己愛上一個自由人會是很大的挑戰，但他想贖回我。如果老弗林特醫生同意，我相信我的愛人願意付出任何合理的價格。她知道夫人不喜歡我。所以我小心地暗示她，或許我的女主人會同意把我賣掉，這樣就可以擺脫我了。這位女士帶著良善的同情聽我說話，答應會盡全力幫助我。她後來跟醫生談過一次，我相信她誠心替我說話，但一切都是枉然。

現在我多麼害怕主人！無時無刻都可能被叫去他面前，但一天過去了，沒聽見任何消息。隔天早上有人告訴我：「主人叫妳去他的書房。」我發現門半開著，我在那呆站了一會兒，望著那個聲稱有權力支配我肉體、靈魂的可恨男人。我走進去，想盡辦法裝鎮靜，不想讓他知道我的心正在淌血。他目不轉睛地看著我，表情似乎在說：「我真想現在就殺了妳。」最後他打破沉默，這讓我們各自鬆了一口氣。

「所以妳想結婚了，是嗎？」他說：「而且是跟一個自由的黑鬼。」

「是的，先生。」

「好吧，我很快就會讓妳知道，到底誰是妳的主人，是我還是那個妳很崇拜的黑鬼。如果妳一**定**要找個丈夫，妳可以找一個我的奴隸。」

就算我愛上的是他的奴隸，去當**他**奴隸的妻子又是什麼處境，要抱持什麼心情！

我回答：「先生，你難道不認為奴隸會有自己偏好的選擇嗎？你認為所有男人對她來說都是一樣嗎？」

「妳愛這黑鬼嗎？」他突然說。

「是的，先生。」

「妳怎麼敢這樣跟我說！」他憤怒地叫道。停頓了一下，他又說：「我猜妳比較看重妳自己，妳比那些小狗更加無禮。」

我回答：「如果他是小狗，那我也是小狗，因為我們都是黑人。對我們來說，相愛是正確而光榮的。先生，你說是小狗的那個男人從沒侮辱過我。如果他不相信我是一個善良的女人，他就不會愛我。」

他像老虎一樣撲了過來，重重打我一拳。這是他第一次打我，但恐懼並沒有使我壓下怒火。我一回過神來就大聲說：「你打我，因為我誠實回答你的問題。我真看不起你！」

沉默了幾分鐘。也許他在想要如何懲罰我，或者，他想給我一些時間，讓我回想剛才是對誰說了這些話。最後他問：「妳知道妳說了什麼嗎？」

「是的，先生，但你這樣對我，我不得不這麼做。」

「妳知道我有權對妳為所欲為嗎？就像我喜歡和妳在一起一樣，我也可以殺了妳。」

「你已經試過殺我了，我倒希望你真的殺我。但你沒有權利對我為所欲為。」

「閉嘴！」他用雷鳴般的聲音說：「天啊，女孩，妳太忘乎所以了！妳瘋了嗎？如果妳瘋了，我很快就讓妳恢復理智。妳覺得別的主人會像我今天早上一樣忍著妳嗎？很多主人會當場殺了妳。還是妳想要因為傲慢被送去監獄？」

「我知道我失禮了，先生。」我回答：「是你逼我這樣，我沒有辦法。至於監獄，那裡或許對我來說比較平靜。」

「妳該去那裡，」他說：「那種對待會讓妳忘記『**平靜**』這個詞的意思。這對妳不錯，會讓妳少了一些崇高的理想。但我還不準備送妳去——雖然妳對我的仁慈如此忘恩負義。妳是我一生的禍根。我一直想讓妳快樂，回報卻是最卑鄙的背叛。不過琳達，就算妳無法感激我的好意，我還是會包容妳的。我再給妳一次改過自新的機會。如果妳規規矩矩，照我說的去做，我就原諒妳，像以前那樣對妳。如果妳不聽我的話，我會懲罰妳，像懲罰我種植園裡最卑賤的奴隸。別再讓我聽見那傢伙的名字，只要妳讓我知道妳跟他說話，我會剝了你們兩個的皮。如果我發現他在我家旁邊鬼鬼祟祟，我會像射狗那樣對他開槍。妳聽到我的話了吧？我是在給妳上一堂婚姻跟自由黑鬼的課！滾開，這是我最後一次跟妳談這件事。」

讀者們曾經恨過嗎？我希望沒有。我從沒有過，只有一次，而我相信我再也不會了。有人稱之為「地獄的氣息」，而我覺得確實如此。

醫生兩個星期沒跟我說話。他想折磨我，讓我覺得自己丟臉，因為我接受一個被人尊重的黑人的求婚，而不是一個白人粗魯的追求。雖然他的嘴不屑跟我說話，但他的眼睛卻很健談。他看我的眼光，比動物盯著獵物還仔細。雖然他沒法讓我讀他的信，但他知道我會寫信。他現在擔心我和其他男人通信。遺憾的是，他不久之後厭倦了沉默。有天早上，當他穿過大廳要離開房子時，想盡辦法塞了一張紙條到我手上。我想我最好讀一下，免得他自己讀給我聽。上面寫著那次動粗的一些道歉之詞，並提醒我「一切都是我的錯」。他希望我有發現一件事——我惹他就只是在傷害自己。他寫說，他已經下定決心去路易斯安那州。他會帶幾個奴隸一起去，而且打算讓我加入。女主人則會留在這裡，所以我到時候就不用怕她了。如果我該得到他的善意，那他保證一定會慷慨給予。他請我仔細考慮，隔天再告訴他答案。

第二天早上，我被吩咐拿剪刀去他房間。我把剪刀放在桌上，也把那封信放在旁邊。他以為那是回信，沒有再叫我回去。我一如往常去學校接送小女主人。他在街上遇見我，命令我回去之後到他辦公室。進去之後，他亮出他的信，問我為什麼不回信。我回答：「我是你女兒的財產，你有權把我送到任何你所想的地方。」他說很高興聽見我願意，他會在初秋時動身。他在鎮上有一間很大的診所，所以我起初還以為他為了嚇我而捏造故事。但不管怎麼樣，我決定永遠不跟他去路易斯安那州。

夏天過去了，初秋時，老弗林特醫生的長子被派到路易斯安那州調查移民的狀況。這個消息並沒有讓我不安，因為我知道我不會和**他**一起去。在此之前，我沒有被送去過種植園，因為他的兒子在那裡。老弗林特醫生會**提防**他的兒子接近我，也會提防把我叫到種植園裡工作的監工，結果讓他沒辦法折磨我。奇怪的是，有這些讓我不用去種植園的保護者，我難道要得意嗎？至於那裡的監工，我對他的尊敬還不如一條獵犬。

小弗林特先生帶回的報告，沒有顯示出路易斯安那州有益，於是我再也沒聽見移民計畫的一切。不久之後，我在街角遇見我的愛人，停下來和他說了幾句話。一抬頭，就看到主人正從窗戶望著我們。我急忙回家，嚇得渾身發抖。他立刻叫我去他的房間。他一見到我就打我。「女主人想什麼時候結婚呀？」他嘲諷地說。接著是一陣咒罵。我多麼感激我的愛人是自由人！他就算跟我說話，那個暴君也沒有權利鞭打他！

我反覆思考這一切會如何結束。醫生不可能同意把我賣掉的任何條件。他決定要留住我、征服我，意志有如鋼鐵。我的愛人是一個聰明、虔誠的人。只要我還是奴隸，就算他被允許娶我，婚約也無法讓他保護我不被主人傷害。他如果看見我命中注定的屈辱，一定會很難過。然後，如果我們生了小孩，我知道必須「遵循其母親身分」[2]。對一個自由而聰明的父親而言，這種打擊多麼可怕！為了他，我不該把**他的**命運連上我的不幸。他要去薩凡納處理他叔叔留給他的一點遺產，雖然我很難受，但我認真求他別回來這。我建議他到自由州去，他在那裡可以暢所欲言，他的才智也會更有幫助。他於是離開了我，仍然盼望著我有天被贖回。希望之燈熄滅了。我少女時期的幻夢破滅，感覺孤獨又淒涼。

但我並沒有被剝奪一切。我還有一個好外婆、一個親愛的弟弟。當弟弟摟著我的脖子，注視我的眼睛，像是可以從我雙眼看穿我不敢說出的煩惱時，我覺得自己還有人可以愛。但是，一想到主人的壞脾氣可能會把他從我身邊奪走，這種愉快就冷卻了。如果他知道我們多麼愛著彼此，我想，他把我們拆散一定會很開心。我們常常一起想去北方的計畫。但就像威廉說的，這種事都是說的簡單做的難。我的行動受到密切監視，我們也沒有辦法弄到能支應的錢。至於外婆，她強烈反對孩子們做這種計畫。她記得班傑明可憐的遭遇，擔心如果又一個孩子逃跑會有類似遭遇，或甚至更糟。對我來說，沒有什麼比現在的生活更可怕。我告訴自己，「威廉**必須**得到自由。他應該去北方，我要跟隨他」。許多奴隸姐妹們都有著同樣的計畫。

2 當時美國政府為了「界定自由人與奴隸」而定的規則。

8 教育奴隸

奴隸主為了自己的高貴而自豪，但你如果聽過他們對奴隸撒的漫天大謊，那你或許不會太相信他們。我說得很直接，原諒我，我沒辦法更婉轉。他們如果拜訪北方，回家之後，會告訴奴隸他們在北方看到了一些逃奴，描述那些人的狀況極度悲慘。有一次，一個奴隸主告訴我，他在紐約見過我某個逃亡的朋友，她苦苦哀求他把她帶回主人那裡，因為她快餓死了。她幾天以來只吃了一塊冷硬的馬鈴薯，其他什麼都吃不到。他說他拒絕，因為他知道把這個可憐蟲帶回家，那位主人也不會太感謝。最後他告訴我：「這就是她從善良的主人那裡逃跑的報應。」

這整個故事都是假的。我後來去紐約跟那個朋友住在一起，發現她過得很好。她從沒想過要回去當奴隸。這種故事讓很多奴隸信以為真，認為這種艱困的自由根本不值得。很難說服這些人，他們沒辦法相信自由會讓他們成為有用的人，讓他們有能力保護妻兒。如果那些異教徒，用印度教的那些階級教條生活在我們這片基督教土地上，或許會產生不同想法。他們會知道生命比自由更有價值。他們會漸漸理解自己的能力，努力當一個男人或女人。

然而，當自由州支持了《逃奴追緝法》（Fugitive Slave Law），將逃奴重新遣返奴隸制度，奴隸要如何下定決心成為一個人？有些人盡全力保護妻子、女兒不受她們的主人侮辱，有那些情操的人通常會比眾多奴隸有優勢。有利的環境讓他們變成半個文明人，也變成基督徒。那些人敢對主人大膽**表達**想法。啊，但願這樣的人越來越多！

另一些可憐生物被鞭打得太痛苦，因此偷偷溜走，讓主人隨意接近自己的妻女。你覺得，這證明了黑人就是低等生物嗎？若你生為奴隸，養大為奴隸，祖祖輩輩都是奴隸，又會是什麼？我承認那些黑人低人一等。但他們為什麼這樣？有白人強迫他生活在無知之中，有折磨人的鞭子消磨了他的勇氣。有兇猛的南方獵犬，還有差不多殘忍的北方奴隸獵人，都在執行《逃奴追緝法》。**他們**全都是一伙的。

南方的紳士們總是喜歡用最輕蔑的字眼來嘲諷北方佬，因為北方佬願意為他們去做一些下流勾當——像是雇用卑劣的奴隸獵人和兇猛的獵犬，來幫他們追捕自己家園裡的逃奴。當南方人到北方去，他們會對自己備受尊崇感到驕傲，但在梅森—迪克森線[3]以南，根本沒有一個北方人受歡迎，除非他有辦法克制住一切與南方「特殊制度」牴觸的思想與情感。保持沉默還不夠，除非奴隸主可以獲得更大利益，否則他們不會滿意，而北方人也通常會遷就。但奴隸主會因此尊重北方人嗎？我不這麼想。就算是奴隸，也會鄙視「有南方思想的北方人」，這就是奴隸眼中的階級。北方人如果到南方居住，確實會成為稱職的學者，很快就吸收街坊鄰居的態度與性格，通常還青出於藍。相形之下，北方人更是眾所周知最殘暴的奴隸主。

他們對得起自己良心的方法，似乎就是說服自己：上帝創造非洲人是為了做奴隸。對於「用同一種血液創造全人類」的天父而言，這是何等毀謗！非洲人又**是誰**？誰能測出美國黑奴的身體裡流著多少盎格魯—撒克遜的血？

前面提到，奴隸主想方設法讓奴隸們對北方產生壞印象，但儘管如此，稍微聰明一點的奴隸也會知道自由州有許多朋友。哪怕是最無知的人，也會對北方有些困惑。大家知道我識字，所以常常問我，有沒有在報紙上看過「大北方的白人正在為奴隸爭取自由」的消息。有些人認為，廢奴主義者已經使奴隸重獲自由且受到法律保護，但奴隸主卻阻止法律生效。有個女人曾經拜託我拿報紙來，從頭到尾讀一遍給她聽。她說她丈夫告訴她，黑人們已經向美國的女王傳話，說黑人都是奴隸。女王不相信，於是去華盛頓見了總統。兩人吵了起來，最後她拔出劍來，信誓旦旦地說，總統應該幫助她解放所有人。

那個可憐又無知的女人以為，美國是由女王統治的，而總統是女王的下屬。我卻希望總統是在正義女神的麾下。

3 梅森—迪克森線（Mason and Dixon's line）為賓州與馬里蘭州、與德拉瓦州的分界，內戰期間成為自由州與蓄奴州的界線。

9 附近的奴隸主

離我們不遠的鄉村有一個種植園主，我叫他李奇先生。他沒什麼教養，也不識字，卻非常有錢。他有六百名奴隸，其中許多人根本沒看過他。他龐大的種植園是由薪水優厚的監工管理。他那裡有一座監牢、一根鞭刑柱。無論在那發生了什麼暴行，其他人全都置之不理。他巨大的財富有效地掩蓋了他所有罪行，甚至連謀殺也不被究責。

那裡有各式各樣的懲罰。他最喜歡的一種，就是用繩子把奴隸五花大綁、懸空吊起，然後在上面點火，烤著一塊肥豬肉。豬肉被火烤，滾燙的油脂於是滴在裸露的皮肉上。在他自家的種植園，他要求人人必須嚴格遵守《聖經》的第八誡[4]。但只要可以不被發現、逃避嫌疑，那他允許奴隸們去掠奪其他鄰居。如果鄰居指控他的奴隸偷竊，他就會恐嚇對方，說自己的奴隸什麼都有，根本沒有偷竊的動機。等到鄰居一轉身，主人會把那名奴隸找出來、鞭打一頓以懲罰他的不小心。但是如果奴隸從自家偷了一磅肉、一撮玉米，凡是被發現，一定

會被銬起來關入監牢，直到被飢餓與痛苦折磨到不成人形。

有一次，他在離種植園幾英里之外的酒窖、儲肉室設下陷阱。有幾個奴隸過去拿了一塊肉和幾瓶酒。其中兩個被發現——因為有人在他們的小屋裡找到一塊火腿和一些酒。他們被主人叫過去，一句話都沒說，就被棍棒打倒在地。棺材是個粗糙的箱子，他們跟狗一樣被草草下葬。沒有人說話。

謀殺在他的種植園裡已經司空見慣。入夜之後，那位主人害怕單獨一人。或許他相信真的有鬼。

他的兄弟，就算沒他那麼有錢，至少殘忍程度也差不多。他的獵犬訓練有素、腳程很遠，讓奴隸們非常害怕。牠們會被放出來追蹤逃奴，如果追到了，逃奴的肉會從骨頭上被扯下來。這個奴隸主死的時候，發出了可怕的慘叫和呻吟聲，甚至把他自己的朋友也嚇壞了。他的遺言是：「我要下地獄了，把我的錢跟我埋在一起。」

他死時雙目圓睜。為了闔上他的眼皮，大家從合葬的錢裡拿了銀幣放在眼皮上。結果謠言四起，說他的棺材裡塞滿了錢。墳墓被掘開，棺材被打開了三次。最後一次，大家在地面

4 不可偷盜。

上發現他的屍體，被一群禿鷹啄食。他再次被下葬，安排了哨兵在墳前站哨。之後就沒出現盜墓者了。

在未開化的社會中，殘暴具有傳染性。科南特先生是李奇先生的鄰居，有天晚上，他喝得半醉從城裡回來。貼身僕人不小心冒犯了他，結果被剝去衣服，只穿著襯衣，被綁在屋前的一棵大樹上抽打。那是一個暴風雪的冬夜。寒風刺骨，老樹的樹枝被上頭的積雪壓得劈啪作響。家裡有個人怕他凍死，求主人放他下來，但主人不肯罷休。他被綁在那裡三個小時，被放下來時已經快一命嗚呼了。這位主人有另一個奴隸偷了一隻豬來充飢，因此被狠狠鞭打。他在絕望中試圖逃跑，但跑了兩英里之後，就因為失血過多而暈眩，感覺自己就快死了——他很渴望再見妻子一面，但他虛弱得走不動，只好用手與膝蓋爬回家。爬回主人家已經是晚上了，他沒力氣站起來開門，所以發出呻吟，試著求救。我有個朋友也住在那裡。終於，她聽見呼救而跑出來，看見有個人趴在門口。她跑回屋裡尋求幫忙，帶了兩個男人過來把他抬進去，放在地板上。他的襯衣後背有一塊大血塊。我的朋友用豬油才把血塊從肉上面取下來。她幫忙包紮傷口，給他喝些東西，接著讓他休息。主人說他應該再挨個一百鞭。他被飢餓奪去了勞動力，所以偷些食物來填飽肚子。這就是他的罪行。

另一個鄰居是韋德夫人。她房裡的鞭打一天到晚不曾中斷。她的奴隸們天一亮就開始工作，入夜很久之後才休息。穀倉是專門折磨人的地方。她在那裡鞭打奴隸的力量跟男人差不多。她的一個老奴隸曾告訴我：「那是夫人家裡的地獄。我大概永遠離不開了。我日日夜夜祈求死去。」

那個女主人死在這個老女奴的面前，臨死前，她請求丈夫別讓任何一個奴隸接近。當時有個女奴替夫人的孩子餵奶，那時也照顧了另一個，她找到機會，抱著孩子偷偷去她死去的女主人房間。她盯著女主人一陣子，然後舉起手了打了兩個耳光，邊打邊說：「**現在**妳總算被魔鬼抓去！」她忘了孩子在旁邊，才剛學說話。後來小女孩告訴父親：「我看見媽媽了，保母真的打媽媽了，這樣。」然後用小手打自己的臉。主人非常驚訝。他不知道保母怎麼進到那間房，因為門都鎖上了。他審問了保母。她坦承孩子說的是實話，也說出她如何拿到鑰匙。後來她被賣去喬治亞州。

我小時候認識一個好奴隸，叫做夏爾蒂，我跟所有小孩都愛她。她年輕的女主人結了婚，把她帶去路易斯安那州。她的小兒子詹姆斯被賣給一個好心的主人。後來那人欠債，就把詹姆斯賣給一個惡名昭彰的有錢奴隸主。他在這個主人手下長大，待遇跟狗差不多。有一次他挨了一頓狠抽，然後被威脅要打得更慘，於是他逃到樹林裡。那簡直慘不忍睹——他被打得皮開肉綻，半裸著身子、非常飢餓，連一塊麵包皮也吃不到。

逃跑了幾個星期，他被捉住、綁起來送回主人的種植園。這個主人覺得，如果把這個挨過幾百下鞭子的奴隸關回他的監獄裡，有麵包吃、有水喝未免也太仁慈。於是他決定，等監工把這傢伙打到他心滿意足之後，就把他綁在軋棉機的軸承上[5]，丟在樹林裡多久都可以。這個可憐人全身上下都是鞭痕，然後用濃鹽水清洗，防止皮肉壞死，讓傷口更快好。他後來被放進旋緊的軋棉機裡面，空間只夠仰躺或側臥。每天早上都有一個奴隸送來一片麵包和一碗水，放在他搆得到的地方。送食物的奴隸不能與他說半句話，否則會被嚴刑拷打。

就這樣過了四天，那個奴隸每天都送來麵包與水。第二天奴隸發現麵包不見了，水卻一點都沒少。詹姆斯被裝進去四天五夜之後，奴隸通報主人，水已經四天沒用過了，而軋棉機底下傳來惡臭。主人派監工去查看，把軸承轉鬆之後，發現屍體已經被老鼠和蟲子吃掉一半。或許詹姆斯死之前，就已經被那些搶了他麵包的老鼠啃食了。可憐的夏爾蒂！外婆與我時常互問，如果夏爾蒂知道兒子被殺害，她那顆慈母的心要怎麼熬。我們都認識她的丈夫，也知道詹姆斯遺傳了父親的堅毅和智慧。這些特性讓他不適合當種植園的奴隸。詹姆斯被裝進一個爛箱子，下葬時，他們表現出來的感情還不如埋一條老狗。沒人有什麼問題，因為他是個奴隸，那種感覺似乎在說：主人擁有「處置財產」的權利。**他**在乎一個奴隸的價值嗎？他有幾百個。奴隸們幹完了一天的活之後，必須趕快吃完那一點點食物，並在九點監工巡查之前把柴火熄了。監工走進每一間房，確保奴隸和他們的妻子都已經在床上就寢，否則有人可能會累到睡在煙囪旁邊，直到隔天早上的喇叭聲叫醒他繼續幹活。女人被認為沒有價值，除非能增加主人的資產。她們與動物是同等地位。上面說的那個主人，曾經開槍打穿一個女奴的頭——她逃跑之後被抓回來行刑。沒人叫他負責。如果有奴隸不肯挨鞭子，主人就會放出獵犬，分離他的骨肉。做這些事情的奴隸主受過高等教育，是完美的紳士。他還以基督徒的名聲與地位自詡，而撒旦卻不曾有過比他更忠實的信眾。

我描述的這種殘暴奴隸主還有更多。他們不是普遍規則的例外。我不是說沒有仁慈的奴隸主。雖然周圍是一片水深火熱，但這種人物確實存在，他們「就像天使下凡一樣——少之又少」。

我認識一位年輕女士，她就是這種罕見的類型。她生來沒有雙親，繼承了一個女奴與她的六個孩子。小孩的父親是個自由人。他們有自己舒適的家。父母與孩子同住，母親和大女兒白天侍奉女主人，晚上就回到他們住的樓房。那位年輕女士非常虔誠，信仰中存在真實。她教導奴隸們生活要清白，希望他們享受自己辛勤的果實。**她的**信仰不只是禮拜時穿的外

5 軋棉機的軸承高數公尺，可用馬或人力轉動，也是當時許多種植園奴隸主的刑具。

衣，回家之後就丟著等待下一次禮拜。女奴一家的大女兒獲准嫁給一個自由人，在婚禮前一天，這個好心的女主人解放了她，好讓她的婚姻得到**法律**許可。

有消息說，這位年輕女士愛上一個男人，那人因為財富想跟她結婚。她一位有錢的叔叔去世一陣子了。叔叔留下六千美元給自己跟一個女黑人生的兩個兒子，其餘財產則留給這孤苦的侄女。那位女士與她的一大筆錢，最後都將屬於那個男人。她提出要解放奴隸——她告訴奴隸們，這樁婚姻或許會讓他們的命運有變化，而她想要確保大家的幸福。但奴隸們卻拒絕自由，說她一直是最好的朋友，他們去其他地方都不如跟她在一起。我完全不驚訝。我常常看見他們在自己舒適的家裡，我想整個鎮上沒有一家人比他們更幸福了。他們從未感覺自己在奴隸制度之下。等到發現真相，已經為時已晚。

新主人聲稱那個舒適家庭是他的財產時，那名父親很生氣，去找女主人尋求保護。「我現在幫不了你了，哈利，」她說：「我沒有一星期之前那些權利了。我已經幫你妻子爭取到自由，但我沒辦法為你的孩子們爭取。」不幸的父親發誓說，沒人能把孩子從他身邊帶走。他把小孩藏在樹林裡好幾天，卻被發現，然後被帶走了。父親被關進監獄，兩個最大的兒子被賣到喬治亞州。有一個女孩太小，不能侍奉主人，所以先陪著她那可憐的母親。另外三個都被送去新主人的種植園。最大的很快就當了媽媽。那位夫人（奴隸主的妻子）看見新生兒時，哭得非常傷心，她知道自己的丈夫玷汙了她辛苦散播的純潔。這個女兒後來跟主人生了第二個，主人把她跟孩子賣給了胞弟。她後來又為他弟弟生了兩個，然後被賣掉了。第二個女兒瘋了。她被迫過的生活讓她瘋了。第三個變成了五個女兒的媽媽。她第四個孩子出生之前，那位善良的夫人就去世了。她在不幸境遇之中，盡可能給奴隸們最大的良善，直到最後一刻。她安詳地離開人世，很高興能闔上雙眼，離開所愛之人造成的痛苦生活。

那個男人肆意揮霍到手的財富，一心想再婚來支應無度的生活。可是，他在某天爛醉、放蕩的夜晚之後，隔天一早被人發現死亡。大家都說他是好主人，因為他給奴隸的衣食比大多數主人都好，而他的種植園傳出的鞭打聲也比較少。如果不是奴隸制度，他會是一個更好的人，他的妻子也會更幸福。

沒有一支筆可以完整寫出奴隸制度所帶來無孔不入的腐敗。女奴在淫亂、恐懼的環境中成長。她主人跟主人兒子們的鞭打與汙穢語言就是她的老師。當她十四、十五歲的時候，她的主人、主人的兒子，或是監工，或者他們所有人，會開始拿禮物引誘她。如果沒辦法達到目的，她就會挨餓或者被鞭打，直到她服從那些人的意志。她可能有一個虔誠的母親、祖母，或是一個好心的女主人，反覆教過她一些信仰法則。她或許有一個愛人，很珍惜對方的良好建議與祥和的心境。她怨恨那些放縱的人，用權力制約她。但反抗全都是絕望。

可憐的蠕蟲
將證明她的反抗是徒勞。
生活中的一小天
將會過去，而她卻走了！

當然，連奴隸主的兒子也會受到玷汙，年紀輕輕就已經耳濡目染。他的女兒也總是逃不開。有時他對奴隸的女兒犯下錯誤時，可怕的報應會降臨。白人的女兒自幼開始，就時常聽見父母為了一個女奴爭吵。她們的好奇心被激起了，而且很快就知道原因。伺候她們的人就是她們的父親玷污的對象。她們會聽見一些話，內容根本不該給年輕人或任何人知道。她們知道這女奴凡事都必須服從她們的父親。在某些情況下，她們也會對男奴行使同樣的權力。我親眼看過一個羞愧到抬不起頭的奴隸主，因為左鄰右舍都知道，他女兒選擇了一個他種植園裡最卑微的奴隸，幫他生下了第一個外孫。她不去找一個門當戶對的人，甚至也不找她父親手下更聰明的僕人，偏偏挑選了最被殘忍對待的那一個，這樣她才能對他施加淫威，不用怕事跡敗露。她父親幾乎要氣瘋了，想報復那個可惡的黑人。但她預見了風暴，先解放了那個黑人，把他送到州外。

如果是上面這種，嬰兒通常會被悶死，或是被送去一個沒人認識的地方。但如果白人不是母親而是**父親**，那麼嬰兒就會被養大以供市場所需，完全不怕丟臉。如果是個女孩，我想，我已經把她們命運說得夠清楚了。

你可以相信我所說的，因為我只寫我知道的。我在這個淫穢的鳥籠生活了二十一年。根據經驗跟觀察，我可以證明奴隸制度對白人、黑人來說都是詛咒。它讓白人父親變得殘酷而肉欲，讓兒子變得暴戾放蕩。它玷污了女兒，也讓妻子痛苦不堪。至於有色人種，必須要有一個比我更有才華的筆者，才能深刻描寫他們痛苦的極端，以及墮落的深度。

不過，似乎很少有奴隸主意識到，這種邪惡制度所造成的廣泛道德敗壞。他們談的是棉花的枯萎——而不是兒女心靈的枯萎。

如果你想完全認識奴隸制度的可惡，那就自稱是黑奴販子，到南方的種植園走一趟。一切都會攤在你眼前。你將親身看見、聽見一些事情，而你原以為在擁有不朽靈魂的人類身上絕不可能發生。

10 女奴的險路

我的愛人離開之後，老弗林特醫生想出了一個新計畫。他似乎覺得，我對女主人的恐懼是他最大的障礙。他用最溫柔的語氣告訴我，要在離鎮上四英里的一個靜謐之地，為我蓋一棟小屋。我渾身戰慄，卻不得不聽他繼續說，他想給我一個自己的家，讓我當個夫人。目前為止，我因為不落單而逃離了可怕命運。外婆已經在主人面前幫我說話，她當面說出她對他人品的看法。左鄰右舍對我們的事情議論紛紛，而老弗林特夫人聒噪的嫉妒的效果也很大。當我的主人說要為我蓋房子，而且不花太多力氣、金錢就能完成——這時我很希望發生一些事讓他的計畫落空。不過，沒過多久我就聽說正在動工。我對造物主發誓，絕對不會踏進那裡。我寧願從早到晚都在種植園幹活，寧願在監獄裡生老病死，也不願在那種生活中苟延殘喘。這主人毀了我的前程，讓我生活變成荒漠，我堅決認為他不該長期為難我之後，還成功把他的犧牲品踩在腳下。為了擊敗他，我會不惜一切。我**能**怎麼辦？我想了又想終於絕望，

像是跌入了深淵。

讀者啊，現在我不幸的人生到達了這個篇章，假如可以我真想忘記。這一段回憶讓我充滿悲傷與恥辱。要開口提這件事很痛苦，但我已經答應要說出真相，所以不論如何我都會和盤托出。我不會試著為自己開脫，躲在主人的強迫之後。事實並非如此。我也不會用無知、輕率當作藉口。多年以來，我的主人竭力用下流的形象玷污我的思想，破壞我的純潔觀念——那是外婆與我小時候那位好心的女主人教我的。奴隸制度已經影響我，正如影響其他年輕女孩。它讓我太早了解、並專注在世界的邪惡面。我知道我做了什麼，這全都經過深思熟慮。

然而，啊，妳們這些幸福的女人，妳們的貞潔自幼就受到保護，可以自由追求愛人，妳們的家庭受法律保護，所以，請別對這一個可憐又孤苦的女奴太過苛刻！如果沒有奴隸制度，我也會嫁給自己所愛的人。我也會擁有一個受法律保護的家庭，而我也不必痛苦地自我揭露接下來要說的事——可惜所有一切都被奴隸制度給毀了。我想保持自己的貞操，在最不利的環境下竭力維護自尊，卻獨自在奴役邪惡的魔爪中掙扎，這個怪物對我來說太強大了。我感覺自己被上帝和人類遺棄，好似所有的努力都將落空。我在絕望當中變得魯莽。

我前面說過，老弗林特醫生的脅迫加上他妻子的嫉妒，已經在街坊引起流言蜚語。其中，有一位未婚的白人紳士偶然得知我的情況。他認識我外婆，也經常在街上和我說話。他開始有點喜歡我，問我一些關於主人的事，我只回答了一部分。他表達了極大的同理，說願意給我幫助。他不斷找機會見我，還常常寫信給我。我是一個可憐的女奴，只有十五歲。

被上等人這樣關心，我自然有些心動。人性有很多方面都差不多。我也很感激他的同情，並受到他善意的話語鼓舞。對我來說，有這樣的朋友相當了不起。漸漸地，有一種更加溫柔的感情鑽入了我的心。他是一位受過教育，能言善道的紳士——哎，對一個信任他的可憐女奴來說，實在太能言善道了。我當然知道這一切的後果，我知道我們有不可逾越的鴻溝。但是，如果女奴在悲慘經歷之後還有一點自尊與情感，那麼被一個不是主人的未婚男子喜歡，其實是很愉快的事。「主動」似乎不比「屈從」要損害人格。擁有一個無法控制你的愛人——這有些類似於自由，他讓你給予的方式是善良與愛戀。主人則可以隨意對你動粗，而你也不敢說話。此外，一個未婚的男人，總好過一個家庭不睦的男人。你可能覺得有點像詭辯，但奴隸的環境會混淆一切道德準則，實際上，也讓道德準則不可能實踐。

當我發現主人真的開始建造孤零零的小屋時，我所描述的那些感覺都混雜在一起了。除了受寵若驚的虛榮感、對仁慈的真摯感激，還加上了報復、利益的權衡。我知道，沒有一件事情比「我喜歡別人」更能激怒老弗林特醫生，而這個微不足道的方式，也能讓我感覺自己戰勝了那個暴君。我以為他會為了報復而把我賣掉，而我相信我的朋友——桑德斯先生會買下我。他比我的主人慷慨、仁慈，我覺得自己可以輕易在那裡得到自由。我命運的危機就在眼前，於是我豁出去了。想到要當那個老獨裁者後代的母親，我就不寒而慄。我知道他只要有了新的幻想對象，就會為了擺脫前者的被害者，把她們賣到遙遠的地方——尤其是如果她們有了小孩。我見過好幾個女人被賣掉，孩子還在懷裡吸奶。他不准自己跟奴隸生的小孩出現在他與妻子的眼前太久。如果對象不是主人，我可以請他善待我的孩子——現在的狀況下，我覺得自己可以受惠。我感覺我的孩子真的能自由。

這些想法在我腦海中盤旋，我發現，眼下沒有其他辦法能避開讓我害怕的厄運，所以孤注一擲。噢，善良的讀者們，請可憐我、寬恕我吧！你永遠不會懂奴隸的滋味，完全沒有法律與文化的保護，讓你降格成一種財產，完全服從另一個人的意志。你不用想辦法避開陷阱，躲避那可惡暴君的權力。聽見他的腳步聲、說話聲，你也永遠不會全身發抖。我知道我錯了。沒人比我更清楚。痛苦和羞辱的記憶將一直纏著我，直到死亡。不過，我平靜地回顧自己的人生之後，我覺得評判女奴的標準不應該與一般人相同。

幾個月過去了，我時常感覺難受，暗自哀悼我給外婆帶來的痛苦，因為她那麼努力想保護我。我知道自己是她晚年最大的慰藉，我不像其他奴隸那般墮落一直讓她引以為傲。我想對她坦承：我不再配得上她的愛了。但這句可怕的話我說不出口。

至於老弗林特醫生，一想到要告訴**他**實情，我就有種滿足的勝利感。他不時告訴我他的盤算，我沉默不語。最後，他說小屋已經蓋好了，命令我住進去。我告訴他，我永遠不會踏進那裡一步。他說：「我已經聽夠了。把妳扛過去，妳就會去，然後一直待在那裡。」

我回答：「我永遠都不會去。再過幾個月我就當媽媽了。」

他呆站著，驚愕地望著我，一言不發離開了屋子。我想我因為戰勝他所以很高興。不過現在真相大白，我的親人也會聽見消息，這讓我很痛苦。雖然我家人的境遇卑微，但他們以我的良好品德為榮。現在，我哪有臉見他們？我的自尊消失了！雖然我是奴隸，但我發誓要守貞。我說過：「就讓風暴肆虐吧！我要勇敢直到死亡。」如今我有多麼羞恥！

我去找外婆。我打開嘴唇，想要懺悔，話卻卡在喉嚨。我坐在她門前的樹蔭下，開始做針線活。我想她看出了我的不尋常。奴隸的母親相當敏感。她知道自己的小孩完全不受保護，過了十幾歲就會每天被折磨。這會造成其他問題。假如這個女奴天性敏感，就會因為害怕而不敢說真話，而這種有良好出發點的行為會讓她遠離長輩的忠告。沒過多久，我的女主人走進來，像個瘋子一樣，用她丈夫的事指責我。早就起疑的外婆相信了她的話。外婆叫道：「哦，琳達！已經這樣了嗎？我寧願妳去死，也不想看妳現在這樣。妳真給妳死去的母親蒙羞。」她從我手上扯下我母親的婚戒和她的銀頂針。「滾！」她大嚷：「不准再來我家。」她的責罵如此用力，我沒有回答的機會。我第一次流下苦澀的淚水，這是唯一的回答。我站起來，又抽泣著跌坐在地。外婆沒再說話，但淚水從她滿是皺紋的臉上滑落，像火焰般使我煎熬。她對我**那麼**好！那麼好！我很想跪在她跟前，把真相都告訴她！但她已經叫我滾，永遠也不要回來。幾分鐘之後，我使勁爬起來，聽她的話離開。我關上那一扇我小時候急著想推開的門——那時的我究竟懷有怎樣的心情？門在我面前闔上，那是我從未聽過的聲響。

我能去哪裡？我不敢回到主人那裡。我不顧一切走著，不在乎前方，也不在乎未來。我走了四、五英里，累得停下腳步。我坐在一棵老樹樁上。星光在我頭頂的樹枝之間閃爍，明亮而安寧地嘲笑我！過了幾個小時，我一個人坐著，感覺一陣寒冷與不適。我倒在地上，腦中盡是可怕的想法。我祈求著死亡，卻沒有應驗。最後，我費了很大力氣才起身，又走了一段路，走到我母親以前一個朋友的家。我告訴她我來這的原由，她安慰我，但我沒辦法得到安慰。我想，只要能跟外婆和好，我可以忍受恥辱，我渴望對她敞開心扉；我想，她如果知道真相，以及我多年來忍受的一切，或許就不會說出那麼重的話了。朋友建議我請她來。我照做了。在她過來之前，是好幾天痛苦的懸念。她真的拋棄我了嗎？沒有。她終於來了。我跪在她面前，說出我的人生如何被摧殘，被逼迫了多少年。我沒有別條路可以選擇，在危機時刻變得莽撞。她靜靜聽著。我告訴她，如果可以得到她的原諒，我什麼都可以忍受，什麼都會去做。我求她看在我母親的份上可憐我。她確實可憐我。她沒有說：「我原諒妳。」但她帶著淚光，慈愛地看著我，並用她蒼老的手輕撫我的頭，喃喃地說：「可憐的孩子！可憐的孩子！」

11 新生活

我回到了我的好外婆的家。她跟桑德斯先生談了一次。當她問：為何要把她最後一頭雌羔羊拿走時（不論奴隸會不會注重品格），他沒有回答，只說了些親切、鼓勵的話。他答應照顧我的孩子，如果條件允許就會買下我。

我已經五天沒見到老弗林特醫生了。我跟他坦白之後就沒見過他。他說我自取其辱，說我如何頂撞主人、傷害年邁的外婆。他暗示，如果當初接受他這位醫生的提議，我本來可以保密的。他甚至屈尊來可憐我。他還能讓人生變得更苦嗎？他就是讓我犯下罪惡的始作俑者！

「琳達，」他說：「雖然妳冒犯我，我還是同情妳。如果妳順從我，我可以原諒妳。告訴我，妳想嫁的那傢伙到底是不是孩子的父親。如果妳騙我，妳會生不如死。」

我不再像先前那樣驕傲了。我對付他最強力的武器已經沒了。我感覺自我價值變低，決

定默默忍受辱罵。不過，當老弗林特不屑地提到一向尊重我的愛人，而我想到如果不是眼前的**這個人**，我或許能是一個貞潔、自由和幸福的女人——於是失去耐心。我說：「我得罪了上帝，也得罪了自己，但我沒有得罪你。」

他咬牙切齒，低聲說：「去妳的！」他走過來，壓抑不住怒氣，大吼：「妳這固執的丫頭！我可以把妳的骨頭磨碎！妳把自己送給了那個沒用的無賴。妳是個弱智，很容易被那些根本不關心妳的人灌迷湯。走著瞧。妳現在瞎了，但之後妳會知道妳的主人才是妳最好的朋友。我對妳的仁慈就是最好的證明。我可以用很多方法懲罰。我可以把妳抽到死，但我希望妳活著。我可以讓妳過得更好。其他人沒辦法。妳是我的奴隸。妳的女主人厭惡妳的行為，不准妳回家。所以暫時留妳在這裡，但我會常來看妳。明天再來。」

他隔天來的時候皺著眉頭，表示內心不滿。詢問我的健康狀況之後，他問我欠的伙食費付清了沒，問有誰來看過我。然後，他說自己怠忽職守，身為一位醫生，有些事他應該對我解釋清楚。接著是一段令人羞愧的無恥談話。他命令我站在他面前。我照做了。「我命令妳，」他說：「告訴我孩子的父親是白人還是黑人。」我猶豫了一下。「馬上回答！」他大聲斥喝。我回答了。他像狼一樣撲過來，抓住我的胳膊，像是要折斷它們似的。他沙啞地說：「妳愛他嗎？」

「至少我沒有鄙視他，謝天謝地。」我回答。

他舉起手要打我，但又放下來。我不知道他怎麼停了。他雙唇緊閉地坐下來。最後他開口了。「我過來，」他說：「是要給妳一個友善的建議。但妳的忘恩負義讓我受不了。妳背棄我對妳的所有善意。我不知道我為何不殺妳。」他又站起來，像是要打我。

不過他停下動作，說道：「要我原諒妳的傲慢跟罪行，有一個條件。妳從今以後，不准再跟妳孩子的父親有任何聯繫。妳不准跟他要東西，也不准收他的東西。我會照顧妳和妳的孩子。妳最好馬上就答應我，別等到他把妳拋棄了。這是我對妳最後一次仁慈了。」

我說我不願意讓一個咒罵我和孩子的人照顧我們。他尖刻地說，像我這種卑微的女人沒有期待更多的權利。他最後一次問我，要不要接受他的好意？我不願意。

「很好，」他說：「那就嘗嘗任性的後果吧。永遠不要指望我會幫妳。妳是我的奴隸，永遠都是我的奴隸。我永遠不會賣，妳可以放心了。」

他把門關上時，我心中的希望也消失了。我以為他在盛怒之下會把我賣給奴隸販子，我也知道我孩子的父親準備好要買我。

約在同個時間，菲利浦舅舅出海要回來了。他出發前一天，我給一個年輕的朋友做伴娘。當時我內心很不自在，但笑盈盈的臉上沒有表露出來。短短一年過去，發生了這麼劇烈的變化！我的心靈因為痛苦變得滄桑。不論是陽光下閃爍的生命，或者誕生於淚水的生命，都從環境中得到了各自的色彩。我們誰都不知道一年會帶來什麼改變。

他們告訴我舅舅已經回來，我卻感覺不到一絲高興。他知道發生的事，但還是想見我。起初我不敢見他，後來還是讓他來房間。他一如既往接納了我。啊，當我感覺到他的淚水流在我灼熱的臉頰，我內心熱浪翻騰！我想起外婆以前那句話：「也許妳父母只是脫離了邪惡的未來。」萬念俱灰的我，現在終於可以歌頌上帝了，因為祂的決定沒錯。但我卻想，為什麼親戚們還對我懷有希望呢？有什麼可以把我從女奴的命運之中拯救出來？更多比我美麗、聰明的女人都經歷了同樣，或更悲慘的命運。他們怎麼會指望我能逃脫？

舅舅沒有待很久，我也不遺憾。我身心俱疲，無法像過去那樣享受與親人共處。好幾個星期我都臥床不起。除了主人，我沒辦法找別的醫生，但我不想叫他來。最後，大家被我漸漸嚴重的病情嚇到，派人去叫醫生來。我身體虛弱，精神也非常緊張，他一走進房間我就尖叫。他們告訴他，我的病情很緊急。他不想讓我這麼快就死了，所以他離開。

孩子出生時，他們說是早產兒，只有四磅重，但上帝讓他活下來。我聽見醫生說我看不見明天的太陽。我以前常常希望一死了之，但現在我不想死，除非孩子也死了。好幾個星期之後才能下床。我是從前那個我的殘骸，這一年來，我幾乎沒有一天不是發冷發燒。我的孩子也體弱，小小的身體常常飽受折磨。老弗林特醫生繼續來看我，照看我的健康狀況。他沒忘記提醒我，那孩子也是他的奴隸財產之一。

我無力與他爭辯，只是默默聽他說話。他探望的次數變少了，但他躁動的心卻停不下來。他雇用我的弟弟威廉到他辦公室工作。威廉常常擔任傳話者，他是個機靈的小伙子，幫醫生很多忙。他學了一些治病的方法與知識，還自學閱讀、拼寫。我為他驕傲，但老醫生卻起了疑心。有一天，我已經幾個星期沒見到老弗林特了，我突然聽見他腳步聲靠近。我害怕見到他，所以躲起來。他當然是要找我，最後卻找不到。他回辦公室叫威廉送了一張紙條，威廉遞給我的時候，他的臉脹紅了。他說：「琳達，妳不恨我拿這些東西給妳嗎？」我說我不能怪他，他是奴隸，必須遵從主人意志。紙條命令我去辦公室，我去了。他說他叫我的時候就要知道我在哪。我說我在家。他很生氣，說他早就知道了。然後，他又回到了老話題——我對他犯了大錯，我對他的寬容忘恩負義。法律重新被我改寫，結果我不予理會。很丟臉的是，我弟弟就在一旁，聽著這種對奴隸的語言。可憐的男孩！他無力保護我。我看見他流眼淚，還想拼命止住。這種情感表現激怒了醫生。威廉讓他不悅。有一天，威廉沒有像平常一樣早到醫生的辦公室。這正好讓他的主人借題發揮。

他被關進監獄。隔天，他請一個奴隸販子去找醫生，要求被賣掉。他的主人被這種所謂的傲慢給激怒。老弗林特說，把他關起來是為了讓他反省思過，但顯然他沒有懺悔。整整兩天，老弗林特辛苦地想找人替代威廉的職務，但少了他，一切都亂了。老弗林特於是釋放他，令他回復原職，然後不斷警告他做事要小心。

幾個月過去了，我兒子的健康狀況逐漸好轉。他一歲時，大家都說他長得很好。雖然他黏人的情感讓我交錯著愛與痛苦，但這一株小藤蔓在我的生命中紮下了根。在我最痛苦的時候，他的笑臉給我安慰。我喜歡看他入睡，雖然總有一片烏雲罩著我的快樂。我永遠都不會忘記他是奴隸，有時我真希望他夭折。上帝似乎要成全我。我的寶貝病得很重。那雙明亮的眼睛很暗淡，小腳和小手變得冰冷，讓我以為死神就快觸碰到他。我曾經祈求他死去，現在卻如此希望他好好活著。上帝聽見我的禱告。唉，一個奴隸母親試圖為她垂死的孩子祈禱，這多麼可笑！

死總比被奴役好。我一想到沒有名字可以給我的孩子，心裡就不好受。他的父親只要有機會見到孩子，就會慈愛地輕撫、照看他。桑德斯先生並不是不願意用自己的名字，但他在法律上沒有這種權利。如果用父親的姓氏，我的主人會認為是新的犯罪，也是新的傲慢，或許會報復這個孩子。噢，這是奴隸制度之蛇的其中一顆毒牙！

12 暴亂之恐懼

不久之前，奈特．杜納（Nat Turner）發動了叛亂[6]，這個消息讓我們鎮上陷入一片混亂。奇怪的是，當奴隸們如此「快樂滿足」之時，主人們竟然會害怕！但事實如此。

奴隸們每年都有一次大集會，這是慣例。每一個白人在這個集會中都抓著步槍。公民與所謂的鄉紳則穿著軍裝。下層白人則依然是日常裝扮，有的沒穿鞋，有的沒戴帽。這個盛大的場面剛結束。後來，當奴隸們被告知還有另一次集會時，他們既驚訝又高興。可憐的生物！他們還以為是要放一天假。我輾轉得知事情的真相，並告訴幾個少數我能信任的人。我很想告訴所有奴隸，但我不敢。我不能指望一切。鞭刑的力量太大了。

6　一八三一年八月，奈特．杜納領導維吉尼亞州的黑奴與自由黑人起義，導致約六十名白人死亡。白人民兵為了報復，殺死超過兩百名黑人。

日出之時，人們從鎮子二十英里外的四面八方湧入。我知道所有住宅都會被搜查，還以為做這些的人是一些鄉下無賴與下層白人。我知道，他們看到有色人種過著舒適體面的生活就會惱羞。所以我特別做了些安排。我盡可能把外婆家布置整齊。給床鋪上白色床罩，用鮮花妝點房間。一切妥當之後，我坐在窗前。視線所及之處，圍著一群各色各樣的士兵。鼓聲與笛聲奏著軍歌。他們被分成十六人一隊，每一隊都有隊長。一聲令下，野蠻的搜查兵四處亂衝，黑人就是他們的目標。

對於下層白人來說，這是一個大好機會，因為他們沒有自己的奴隸可以折磨。他們很珍惜這種機會，可以行使短暫的權力，也對奴隸主證明自己的用處。他們沒想到踐踏黑人的權力，也會讓他們墮入貧窮、無知和道德腐敗之中。如果從未目睹過，你很難相信我描述的情景——發生在無辜之人身上，也發生在根本沒有一絲嫌疑的男人、女人與幼童身上。生活在偏遠地區的黑人與奴隸受到格外殘忍的苦刑。搜查兵有時會弄一些火藥跟子彈到他們的衣服裡，然後派其他隊去搜索他們，把他們揪出來，說找到了謀策叛亂的證據。到處都在鞭打男人、女人與孩童，鮮血在他們腳邊流成血坑。有些人被抽了五百下。有人被綁住手腳，被木槳拷打，身上皮開肉綻。有色人種的住處，除非剛好被有權勢的白人保護，否則掠奪者會拿走房子裡的衣服，與他們眼中一切值錢之物。這些沒人性的壞蛋白天時四處亂竄，像一群魔鬼，恐嚇、折磨無助的弱者。到了晚上，他們會組成巡邏隊，到幾個有色人種家裡，體現出他們的野蠻意志。很多女人為了躲避，到樹林和沼澤藏身。如果有哪一個丈夫和父親敢揭發這些暴行，他們就會被綁在公眾鞭刑柱上，因為說謊而被嚴酷鞭打。大家都很恐懼。只要有一點點膚色的人，都不敢當眾面對面說話。

我不太擔心我的家人，因為我們和會保護我們的白人家庭生活在一起。我們隨時準備迎接士兵到來。不久之後，我們聽見沉重的腳步聲和說話聲。門被粗暴地推開，他們像是一群惡狼一樣闖進來，搶走任何伸手可及之物。每一個盒子、箱子、衣櫃與房屋角落都被徹底檢查。抽屜裡有一個盒子裝了幾枚銀幣，他們也迫不及待地搶了過去。我走上前去要從他們手裡拿回盒子時，有個士兵轉過來，生氣地說：「妳跟著我們做什麼？妳以為白人來搶劫嗎？」

我回答：「你們是來搜查的。但你已經找過那個盒子了，如果你願意的話，我要拿回來。」

就在那時，我看見一位對我們很友善的白人紳士。我叫住他，求他行行好進到屋內，一直待到搜查結束。他欣然同意。他一進屋，搜查隊的隊長也進來了。隊長的任務是看守房子外面，確保無人逃出。這個軍官就是李奇先生，我在〈附近的奴隸主〉中提過這個有錢人，他的殘暴是臭名昭彰的。他覺得親自搜查會髒了自己的手，所以只是發號施令。只要找到了信件，那些目不識丁的手下就會拿到他面前。

我外婆有一個裝床單、桌布的大箱子。他們打開箱子之後，周圍響起驚叫。有一個人叫道：「這該死的黑鬼，哪裡弄來這麼多床單和桌布？」

因為有白人保護者在場，我外婆大膽地說：「你可以放心，我們沒有偷**你們**家的東西。」

「聽著，老太婆，」一個沒穿外套、臉色陰沉的人說：「妳好像覺得自己有這些東西很了不起。這些東西白人都有。」

突然一陣歡呼打斷了他的話。「找到了！找到了！那個黃皮膚的姑娘有信！」大家爭先恐後地跑去看那所謂的信，經查驗，原來是朋友寫給我的詩。我收拾的時候不小心漏了。當隊長告訴他們信的內容之後，他們似乎很失望。

隊長問我是誰寫的。我告訴他是我一個朋友。「妳看得懂嗎？」他問。我告訴他我可以，他咒罵、咆嘯著把信撕成了碎片。「把所有的信都給我拿來！」他用命令的口吻。我告訴他我沒有。「別怕，」他一轉語氣說：「全都給我。沒人會傷害妳。」他看我不服從，柔和的語調轉成咒罵與威脅。「誰給妳寫信？半自由的黑鬼？」他問。我回答：「噢，不是。

很多信都是白人寫給我的。有些人叫我看完信就燒掉，有些信我沒看就燒了。」

幾個隊員發出驚叫，打斷了我們的談話。他們發現了幾把銀匙，那是裝飾老式餐台的。我外婆習慣替鎮上很多女士保存水果，也會為晚宴備餐。所以他有很多醃漬食物的罈子。裝那些食物的櫃子遭到洗劫，裡面的東西也被吃了。其中一個大快朵頤的隊員拍了鄰員的肩膀，說：「真不錯！黑鬼想殺光所有白人一點都不稀奇，他們只能靠這些存貨了。」我伸手拿回罐子，說：「你們不是被派來找糖果吃的。」

「那我們**被派來**幹嘛？」隊長說著向我走來。我沒有回答。

這所住宅的搜查結束了，沒發現任何能定我們罪的東西。他們又走到花園，找遍了每一叢灌木和藤蔓，也沒有新發現。隊長召集所有人，短暫開了會，然後下令去別處搜查。他們走出大門時，隊長轉過身，詛咒著這間屋子。他說這地方應該被大火夷平，每個住在裡面的人都該被抽三十九下。我們非常幸運地逃過一劫。除了幾件穿舊的衣服，我們什麼也沒少。

到了傍晚，騷亂加劇了。士兵們在酒精的刺激下，犯下了更殘忍的罪行。慘叫聲不斷劃破空氣。我不敢出門，所以躲在窗簾後面偷看。我看見有一個暴徒拖著一群黑人。每個白人都拿著槍，威脅如果再尖叫就會殺了他們。囚犯之中有一位令人尊敬的黑人老牧師。他們在他家搜到了幾塊彈片，是他妻子用來平衡秤子的，已經用了很多年。為此，他們打算在格林法院（Court House Green）槍殺他。這在一個文明國家是何等奇景啊！一群爛醉如泥的烏合之眾，居然以為自己是正義的執法者！

上等階層的人發揮影響力，拯救了一些受迫害的無辜之人。他們有時成功了，把一些人先關進監獄，等外面平靜之後再放出來。最後白人公民們發現，他們找來一群人來保護自己，但財產在這些無法無天的暴民面前並不安全。於是集合了那群醉漢，把他們趕回了鄉下，並組建了一支守城隊伍。

隔天，城鎮巡邏隊被派往搜查城外的黑人，而最駭人聽聞的暴行絲毫不受懲罰。兩個星期以來，只要我看向窗外，每天都會看見有人騎著馬，把一個可憐的黑人綁在馬鞍上，然後用鞭子強迫他跟上馬的腳步，一路奔到監獄的大院。他們把那些被打到不能走的黑人隨便用鹽水清洗，扔到一輛推車上，一樣運到監獄。有個黑人實在熬不過去，答應供出反叛陰謀的情報。但其實他什麼都不知道。他甚至沒聽過奈特．杜納的名字。結果，這個可憐人編的故事，增加了自己與其他黑人的痛苦。

白天的巡查持續了幾個星期，後來變成了夜晚的巡邏隊。沒有黑人叛亂的證據，包括奴隸或自由人。奈特．杜納的被捕多少平息了奴隸主的憤怒。囚犯被釋放了。奴隸被送回主人那裡，自由人也獲准返回被摧毀的家園。種植園嚴禁外人進入。奴隸們懇求主人，讓他們再次在樹林裡的教堂集會，他們的墓地就在一旁。教堂是黑人自己蓋的，他們最快樂的事就是在那裡聚一聚、唱讚美詩、虔誠祈禱，互相傾吐心聲。但他們的請求被拒絕，教堂被拆毀。他們獲准進入白人的教堂，並安排了一部分座位給他們。等到其他人都領受了聖餐，賜福祈禱之後，牧師才會說：「現在，我的黑人朋友們，請就座。」他們聽從神旨，一同吃了麵包和酒，以此紀念仁慈謙卑的耶穌。耶穌曾說：「上帝是你們的父親，你們都是弟兄。」

13 教堂與奴隸

奈特·杜納起義所引發的恐慌平息之後，奴隸主們一致認為，最好給奴隸更多宗教教育，以免他們想殺害主人。為了自身利益，聖公會的牧師提議在星期日單獨給奴隸舉行儀式。他們的黑人信徒很少，但非常受人敬重——我想這多少有些影響力。現在的問題在於，要挑選一個給黑人做禮拜的地方。衛理公會和浸信會的教堂讓奴隸們下午進去，但他們拿來的地毯和墊子卻不如聖公會教堂裡的昂貴。最後決定的禮拜地點，是在一個自由的黑人家裡，他自己也會參與聚會。

我被邀請加入，因為我能識字。到了星期天晚上，我趁著夜色冒險溜出去。我很少在白天出門，因為我總是擔心，怕在哪一個角落遇上弗林特醫生，他一定會趕我回去，或者叫我去他辦公室，打聽我的帽子或衣服是誰給的。派克牧師來了之後，大約有二十人已經到場。牧師跪下來禱告，接著就座，請在場所有識字的人打開書本，跟讀或回應他指定的禱文。

他的祈禱文是：「為人僕者，要全心全意，誠摯地服從你們身為人的主人，跟服從基督一樣。」

虔誠的派克先生弄高了頭髮，用深沉、肅穆的語調開始說：「聽著！你們這些奴隸。你們要注意聽我所言，你們是悖逆的罪人。你們內心充滿邪惡。魔鬼會誘惑你們。如果不放棄惡行，上帝一定會懲罰你們。你們這些住在城裡的人，對主人陽奉陰違。你們對主人不忠誠，上帝會看見，看見你們的懶惰、拖延。你們說謊，上帝也會聽見。你們如果對主人不恭，躲在那裡偷用主人的物品；如果跟邪惡的占卜師一起做怪，跟老巫婆一起玩紙牌。你們的主人或許找不到你們，但上帝看著你，一定會懲罰你。噢，你們這些墮落的心！當你們主人的工作完成之後，你們有沒有過靜靜聚在一起，思考仁慈的上帝對你們這些有罪之人的寬恕？沒有。你們在爭吵，把禍種埋在門階下，毒害彼此。上帝看著你。你們這些人偷偷跑去酒商那裡，賣掉主人的作物，換錢買酒喝。上帝看著你。你們把錢幣藏到後街，藏到樹叢。你們的主人也許不知道，但上帝看著你。祂會懲罰你。你們要遠離罪惡，成為忠誠的僕人。服從你們的老主人和小主人——老女主人和小女主人。若如果你們違逆了人間的主人，也就冒犯了神聖的天主。你們必須遵守上帝的戒律。當你們走出這道門，不要留在街上聊天，你們要直接回家去，讓你的主人和女主人看到你。」

儀式宣佈結束。我們回到家，被派克修士的教條逗樂了，決定還想聽他說一次。下一個安息日的夜晚我又去了，又聽了一遍上次的內容。聚會結束時，派克先生告訴我們，他覺得在朋友家裡集會很不方便，他願意在每個禮拜日晚上，在自家的廚房與我們見面。

回家之後，我感覺這是自己最後一次聽派克先生說話了。有一些信眾去了他家，發現廚房裡點著兩支牛油灌的蠟燭。我敢說，自從派克先生住進那棟房子以來，僕人們只有松節可以燃火。過了好一陣子，牧師才從舒適的客廳走出來，但奴隸們已經離開了，去享受衛理公會教徒的歡呼。黑人在宗教集會上又喊又唱，感受到前所未有的快樂。他們之中許多人都很真誠，比偽善的派克先生跟其他面色憂愁的基督徒還要接近天堂之門——那些人看著受傷的撒瑪利亞人經過，卻視若無睹。

奴隸們通常會創作自己的歌曲與讚美詩，這件事不會太傷腦筋。他們常常吟唱以下的詩句：

老撒旦是個忙碌的老人，
他推著石塊擋住我的路，
但耶穌是我知己，

他把那障礙給掃清。
如果我小時候就死了，
我那舌頭要怎麼歌唱，
可我已經老了，起身而站，
再難有機會踏上天國。

我清楚記得有一次去參加一個衛理公會的集會。我心情沉重地去了，碰巧坐在一個才剛喪親的可憐女人身邊，她的心情比我更沉重。領袖是鎮上的警察——一個會買賣奴隸的人，會在公眾的鞭刑柱上、監獄內外鞭打自己的教會弟兄、姊妹。只要五十美分，他願意四處擔任這種教會的職務。這個白皮膚、黑心腸的兄弟向我們走來，對這個遭受重創的女人說：「姐妹，能不能告訴我們上帝如何拯救妳的靈魂？妳對上帝的愛有沒有變過？」

她站起來，哀怨地說：「我的上帝和主人啊，救救我吧！我的擔子太重了。上帝躲起來，我被遺棄在黑暗與痛苦中。」然後她捶著胸口，繼續說：「我沒辦法告訴你們黑暗中有什麼！他們帶走我所有孩子。上個星期，他們把最後一個也帶走了。天知道他們把她賣去哪裡。他們讓她陪伴我十六年，然後——噢！噢！為她的兄弟姐妹們祈禱吧！我現在生無可戀。上帝啊，讓我快點死吧！」她渾身顫抖地坐下。我看見那個警察領袖把手抬起來，遮著他憖笑的紅臉，不讓其他落淚的人看見。然後，他一副道貌岸然，對那喪女的母親說：「姐妹，向上帝祈禱，願神聖的上帝賜福於妳可憐、貧窮的靈魂！」

會眾唱起了讚美詩，唱得比圍著我們歌唱的鳥兒還要自由——

老撒旦以為他的野心很大，
他錯過我的靈魂，抓住我的罪孽。
阿門，阿門，對上帝喊阿門！
他把我的罪孽扛在肩上，
發著牢騷滾回地獄了。
阿門，阿門，對上帝喊阿門！
老撒旦的教堂就在底下。
我想到那上帝的自由教堂。
阿門，阿門，對上帝喊阿門！

這樣的時刻，對於可憐的奴隸來說非常珍貴。你在這種時候聽見他們的歌聲，或許會覺得他們很快樂。不過，這一小時的歌唱與呼喊，能否讓他們熬過可怕的一週，讓他們辛苦幹著沒有工資的苦勞，讓他們不害怕鞭刑？

在我早期的記憶中，那位聖公會的牧師是奴隸主的保護神，我們認為，他由於信眾變多了，必須到錢多的地方去。接替他的是一位截然不同的牧師。這個變化讓黑人們非常高興，他們說：「上帝這次給我們派來一個好人。」他們愛新的牧師，他們的孩子因為他的微笑和好話而追隨，甚至奴隸主也受了影響。他帶了五個奴隸去牧師宿舍。他的妻子教奴隸們讀書寫字，對奴隸與她自己都有幫助。他一安頓下來，就開始關注身邊的貧苦奴隸。他呼籲他的教區居民們，每週日為奴隸開一次會是義務，也要使用適合奴隸們理解的佈道詞。多次爭論與協調之後，他們終於同意在星期天晚上開放教堂走廊。許多沒去過教堂的黑人，現在也很樂意去聽他們傳福音。佈道很簡單，他們一聽就懂。而且，那是他們生平第一次被當作「人」來稱呼。沒過多久，白人教區居民開始不滿。他們指責他給奴隸的佈道，比給白人的佈道更好。他坦承給奴隸的佈道更費心，因為奴隸們在無知的環境中長大，要讓他們理解非常不容易。教區發生了糾紛。有些人要他晚上對白人講道，下午給奴隸們講道。在一連串爭吵中，他的妻子生了重病，不久便去世了。臨終時，她的奴隸悲痛地圍在床前。她說：「我盡量對你們好，讓你們幸福。如果我沒辦法做到，絕不是因為我不想做。別為我哭泣，請為你們的新命運做好準備。我讓你們全都自由。願我們在一個更美好的世界再見。」她解放的奴隸被送走了，他們身上有足夠的錢可以過得舒適。黑人會永遠緬懷這一位真正的基督教徒。她死後不久，她丈夫做了離開的佈道，走的時候很多人都流下眼淚。

幾年後，他路過我們的城鎮，給從前的教眾佈道。他在下午的佈道中，對黑人們說話。「朋友們，」他說：「能有機會再和你們說話，我非常高興。兩年來，我一直努力為我教區裡的黑人做些什麼，目前一無進展。我甚至沒對他們講道過。我的朋友們，要照上帝的指示活下去。你們皮膚比我的黑，但上帝審判的是靈魂，不是皮膚。」這種奇怪教義出自一個南方的講道壇。這簡直是對奴隸主的不敬。那些人說，他們夫妻愚弄了自家的奴隸，說他像個白癡一樣給黑鬼講道。

我認識一個老黑人，他對上帝那天真的虔誠、信任實在值得一提。他五十三歲時去了浸信會的教堂。他非常渴望學習識字，認為如果能讀聖經，就會知道如何更好地侍奉上帝。他來找我，求我教他。他說他沒辦法付我學費，因為他沒錢。但到了盛產的季節，他會給我一些水果。我問他知不知道這違法了，奴隸互相學習讀書，會挨打，還會被監禁。他聽完就哭了。「別擔心，弗萊德叔叔，」我說：「我不會拒絕的。我只是告訴你法律的事，你要知道危險，所以要提高警覺。」他認為他一週可以來三次，不會被其他人懷疑。我選了一個安靜的地方，外人不太可能會來，我就在那裡教他A、B、C。以他的年紀來說，他的進步速度快得驚人。他才剛學會拼出兩個音節，就想把聖經裡的單字整個拼出來。他幸福的笑容將快樂注入我的心。拼出幾個詞之後，他停下來說：「親愛的，如果我可以讀這本好書，那我就離上帝更近了。白人看得懂。白人學得很快。像我這樣的老黑人可不容易。我只想讀這本書，這樣我就知道要怎麼活了，我也就不怕死了。」

我說他進步得很快，想藉此鼓勵他。他回答：「耐心點，孩子，我學得慢。」我不需要耐心。他對我的感激，給我帶來的快樂，就是我一切辛苦的酬勞。過了六個月，他已經把《新約聖經》讀了一遍，找得出任何一段。他有一天的表現非常好，我問：「弗萊德叔叔，你為什麼學得這麼好？」

他說：「上帝祝福妳，孩子，妳每教我一次我都會祈禱，讓上帝教我拼讀。而祂確實幫了我。祝福祂的聖名！」

像弗萊德叔叔一樣善良的人有成千上萬，都渴望著生命的寄託。但法律嚴格禁止，教堂也禁止。他們把聖經送給國外的異教徒，卻忽略國內的人。我樂見傳教士們奔赴世界的黑暗角落，但我請求他們別忘了國內的。拿出你對非洲蠻族說話的口氣，告訴美國的奴隸主，說買賣人口是錯的。告訴**他們**，販賣自己的孩子，侵犯自己的女兒是一種暴行。告訴他們，所有人都是同胞，人們沒有權力在手足面前擋住知識之光。告訴他們，他們把持著生命的泉源，不讓渴望生命的靈魂進入，他們必須對上帝負責。

有人願意承擔這種傳教工作，可是，唉！這樣的人太少了。南方人對他們恨之入骨，他們會被驅逐出南方，或是被抓去監獄等死，就像之前的許多案例。作物已經成熟，等待著收割的人。也許弗萊德叔叔的子孫們能夠自由傳遞神聖的寶藏，那是他偷偷冒著坐牢與鞭刑的危險所換來。

神學的專家們是瞎了，或都是偽君子？我猜有瞎子，也有偽君子。但我認為，如果他們對窮人和下等人感興趣，那他們就應該去感受，這樣就不會那麼**容易**被矇蔽雙眼。牧師們通常第一次到南方時，會有某種模糊的感覺，覺得奴隸制是錯的。奴隸主察覺到了，於是耍些伎倆。他盡量讓自己親切，嘴上談論神學以及其他各種話題。那一位牧師受邀到一張擺滿奢侈品的桌前進行賜福。餐後，他在房屋附近散步，看見美麗的小樹林和開花的藤蔓，看見家裡那些備受寵愛的奴隸們的舒適小屋。南方人邀請他與奴隸們談話。他問奴隸想不想得到自由，奴隸說：「噢，不想，大人。」這讓他非常滿意。他回家之後發表了一本《奴隸制度的南方觀點》，抨擊廢奴主義者的誇大。他對人民保證自己去過南方，親眼見證了奴隸制度。

那是一種美麗的「家族制度」，奴隸根本就不想要自由。他們做禮拜唱聖歌，還享有其他宗教權利。

對種植園那些從天亮幹活到天黑、餓得半死的可憐黑人，**他**知道什麼？那些孩子被奴隸販子奪走而尖叫的母親呢？那些被逼著拖入道德深淵的年輕女孩們呢？他看過鞭刑柱周圍的血泊嗎？他見過訓練有素的吃人獵犬嗎？他見過軋棉機裡等死的人嗎？奴隸主沒給他看這些，他如果問奴隸，奴隸也不敢說。

基督教與南方的信仰有著天壤之別。如果一個男人走向聖餐桌前，把錢放進教堂的寶庫，那就算錢沾滿了鮮血，他也會被稱為虔誠的教徒。如果牧師與不是妻子的白人生了孩子，他會被教堂除名，但如果對象是黑人，他可以繼續當他的好牧師。

當我聽說老弗林特醫生加入了聖公會教會時，我非常驚訝。我以為宗教對於人的心靈有淨化的效果，但我所受的最大迫害，是在他領受聖餐之後。他獲准加入的隔天，與**我**交談時我感覺他完完全全沒有想要「改邪歸正」。為了回應一些老生常談，我提醒他，他才剛加入教會。「沒錯，琳達，」他說：「我加入教會很理所當然。我上了年紀，我的社會地位需要我這麼做，這樣我就不能說該死的粗話。妳最好也加入那個教會，琳達。」

「那裡罪人已經夠多了，」我回答：「如果我能被允許像個基督徒那樣生活，我會很高興的。」

「照我的要求去做，妳就可以。如果妳對我忠誠，妳可以像我善良的妻子。」他回答。

我回答，《聖經》沒有這樣說。

他生氣了，嘶啞地叫道：「妳敢跟我講妳那可惡的《聖經》！妳是我的黑奴，妳有什麼資格告訴我妳要做什麼，不做什麼？我是妳的主人，妳得聽我的。」

難怪奴隸們會唱：

老撒旦的教堂就在底下。
我想到那上帝的自由教堂。

14 另一個生命連結

自從我的孩子出生後，我就再也沒回去我主人家。由於我從嚴密控制中解脫出來，那個老傢伙很不悅。不過他妻子發誓如果我回去，她會殺了我。他對此毫不懷疑。他有時候會消失一段時間，然後又會出現，重複講他的寬容和我的忘恩負義。他費盡唇舌，想讓我相信我是在作賤自己。這個惡毒的老無賴根本不用在這個話題上大做文章，我已經夠羞恥了，我那不懂事的寶寶時時刻刻見證我的恥辱。我一言不發，不屑地聽他說我如何失去了**他的**好感。但我流下了痛苦的眼淚，因為我再也不值得善良純潔之人的尊重了。唉！奴隸制度依舊荼毒我。我沒機會成為被尊重的人。美好的生活與我無緣。

有時，我的主人發現我還是拒絕他所謂的「善意幫助」時，就會威脅要賣掉我的孩子。

「或許這樣才能讓妳謙卑。」他說。

讓**我**謙卑！我不是已經像塵埃一樣卑微了嗎？但他的威脅確實讓我心如刀割。我知道法

律給他實行的權利，因為奴隸主們已經狡猾地頒布法令：孩子應該「遵循其**母親**身分」，而不是**父親**的身分，這表示在保護他們淫亂的同時，也助長了他們的貪婪。這種想法，我就將那無辜的孩子抱得更緊。一想到他有可能落在奴隸販子手中，我腦中就會浮現恐怖的幻象。我哭著對他說：「啊，我的孩子啊！他們會把你丟進冰冷的小屋，讓你等死，然後把你當成狗一樣扔進坑裡埋掉。」

老弗林特醫生知道我又懷孕的時候，他氣得不得了。他衝出屋子，拿著一把剪刀回來。我的頭髮很漂亮。他常常怪我把頭髮養的這麼好。他把我每一根頭髮都剪了，不停咒罵、咆哮。我反駁了幾句，他就打我。在幾個月以前，他因為太生氣就把我推下樓梯。我傷得很重，在床上好幾天不能翻身。然後他說：「琳達，我對上帝發誓我再也不會傷害妳了。」但我知道他會忘記承諾的。

他知道我的狀況之後，就變成了一個地獄來的不安鬼魂。他每天都來，我受到筆墨無法形容的屈辱。可以的話我真不想寫這些事，因為太下流，太讓人作嘔。我也盡量不讓外婆知道。我知道她一生的傷痛已經夠多了，用不著我再添一筆。如果她看到醫生打我，聽到他那些可怕得令人啞口無言的咒罵，她一定會失控。出於天性和母愛，她會保護我，但這只會讓事情更糟。

當他們告訴我，剛生下的寶寶是女孩時，我的心情比以往都沉重。奴隸制度對男人來說很可怕，但對女人來說卻更甚。在大家共有的負擔之上，**女人們**還有自己的冤屈、痛苦跟屈辱。

由於我犯下**他**所謂的新罪行，老弗林特醫生發誓要讓我到死都沒有好日子過。只要我在他掌握中，他就信守這個諾言。產後第四天，他突然走進房間，命令我起來把孩子交給他。照顧我的護士出去準備食物，只剩下我一個人。我別無選擇。我下床抱起孩子，穿過房間，走到他坐的地方。「現在站著別動，」他說：「除非我叫妳回去！」我的女兒長得很像父親，也很像她已故的祖母老桑德斯夫人，弗林特也有發現。我站在他面前，身體虛弱得發抖，他用他所有想得到的惡毒語言辱罵我和我的孩子，就連墳墓裡的老桑德斯夫人都沒逃過他的詛咒。在他的辱罵聲中，我暈倒在他的腳下。他因此恢復理智。他從我懷裡抱走孩子放在床上，用冷水潑我的臉，又把我抱起來劇烈搖晃，試圖在有人進來之前把我叫醒。就在那時我外婆進來了，他匆匆離開。這種待遇讓我很痛苦，我求我的朋友任我死去也不要找醫生來。沒有什麼比他的出現更可怕。最後我活了下來，我為孩子們開心。如果不是這些生命中的連結，我會樂意把死亡當作解脫，雖然我才活了十九年而已。

我的孩子連要求一個姓氏都不合法，這讓我很難受。桑德斯先生願意讓孩子冠自己的姓氏，但就算我想接受他的提議，只要主人還活著我就不敢。而且，我也知道這會讓他們在受洗時不被接受。他們至少會需要一個洗禮名，我們最後決定，兒子沿用我們親愛的班傑明的名字——他已經離我們很遠了。

我的外婆是教會成員。她非常希望讓孩子們受洗。我知道老弗林特醫生不會允許，因此不敢嘗試。但剛好機遇眷顧了我。他到鎮外拜訪一個病人，所以星期天必須缺席。外婆說：「是時候了，我們帶孩子去教堂，讓他們受洗。」

我走進教堂時想起母親，感覺內心有所壓抑。她就是在這裡讓我受洗，沒有任何羞愧的理由。她結婚了，且擁有法律賦予奴隸的權利。至少對她來說，這些誓言是神聖的，她從來沒有違背過。我很高興她已經離開人世，不會知道她外孫的受洗儀式有多麼不同。為何我與母親的命運截然不同？**她的**主人在她小時候就去世了，她待在女主人身邊直到結婚。她沒受過任何主人的壓迫。她就這樣逃過了那一類奴隸們的普遍劫難。

當我的孩子快要受洗時，我父親以前的女主人走到我前面，提出要把她的教名送給我的孩子。我另外加上了我父親的姓，但在法律上我父親不能有這個姓，因為我祖父是一位白人紳士。奴隸的族譜真是一團亂！我愛我的父親，可我卻不得讓孩子冠他的姓，這真讓人苦惱。

我們離開教堂時，我父親的前女主人邀請我去她家。她用一條金項鍊扣在孩子的脖子上。我感謝她的好意，但我不喜歡這個禮物的象徵。我不想給女兒戴上任何鎖鏈，就算是金的也不行。我懇切地禱告，她永遠不用戴上沉重的奴隸鐐銬，那足以侵蝕心靈的鐐銬！

15 接二連三的迫害

我的孩子們長得很好。老弗林特醫生常常得意地對我說：「這些小鬼有一天會幫我賺大錢的。」

我心裡想，如果上帝會幫我，那他們就不會落在他手上。在我看來，我寧願看著他們被殺，也不願讓他們屈服於那種力量。我和孩子可以拿到換取自由的錢，卻還是沒有優勢。老弗林特醫生愛錢，但更愛權力。經過一番討論，我的朋友們決定再試一次。他們找了一個打算去德州的奴隸主，請他把我買下。他開價九百美元，然後漲到了一千二百美元。我的主人卻拒絕了，他說：「先生，她不屬於我。她是我女兒的財產，我沒權利賣掉她。我懷疑你是她的情夫派來的。如果是這樣，你可以告訴他，他不管出多少錢都買不到她，也買不走她的孩子。」

第二天醫生來看我，他一進來我的心跳就加快了。我從未見過這個老人踏著如此有力的步伐。他坐下來，輕蔑地盯著我。孩子們已經知道要害怕他了。小女兒一見他就會閉上眼睛，把臉藏在我肩上。已經快五歲的班傑明（我都叫他班尼）常常問說：「為什麼那個壞人一直來這邊？他要打我們嗎？」我把這個可愛的孩子緊緊摟在懷裡，希望等他長大知道答案的時候就已經自由了。現在醫生沉著臉，一言不發地坐在那兒，孩子們也停止遊戲，過來依偎在我身邊。折磨我的人終於開口了。「妳是被人嫌惡到拋棄了，是吧？」他說：「跟我想的差不多。妳還記得幾年前我就說過，妳會被這樣對待。所以他已經厭倦妳了吧？哈！哈！這位貞潔的夫人應該聽不下去吧？哈！哈！」他想用「貞潔的夫人」來刺激我，而我無法再像之前那樣反駁他了。他繼續說：「看來妳好像又再跟誰私通。妳的新情夫來找我，說要買妳。但妳要知道，妳不會成功的。妳是我的，永遠都是我的。沒有人可以讓妳擺脫奴隸身份。我本來可以，誰叫妳拒絕我的好意。」

我告訴他，我沒有跟誰私通，我根本沒見過那位要買我的人。

「妳是說我說謊嗎？」他大喊，把我從椅子上拉起來。「妳再說一次妳沒見過那個人？」

我回答：「我沒見過。」

他緊抓我的胳膊，咒罵了一連串話。班尼開始尖叫，我叫他去找外婆。

「不准走，你這個小壞蛋！」他說。班尼走近我，伸出雙手抱住我，似乎想保護我。這對憤怒的主人來說是火上澆油。他把他抓起來，狠狠丟到房間另一頭。我以為他快死了，衝過去抱他起來。

「不准去！」醫生大吼：「讓他躺著自己醒來。」

「我要去！我要去！」我尖叫著：「不然我就拆了這房子。」我掙扎著甩開他，然後他又把我抓住。這時有人開門，他於是放開我。我抱起了失去意識的孩子，當我轉身，那個惡人已經走了。我焦急地俯身查看他的小身子，他臉色蒼白，動也不動。最後，那雙褐色的雙眼終於睜開了，我不知道自己該不該開心。醫生之前的給我的壓迫又重演了。他三餐都來。這個恐怖情人指責我跟那個根本沒見過面的奴隸主私通，嚴密監控我跟對方。他趁外婆不在時，翻遍了每一個房間，想要找出一絲線索。

有一次他過來，剛好碰到了一個幾天前被他賣給奴隸販子的小女孩。他的說法是，把她賣掉是因為她和監工走太近了。那個女孩在他底下過得很苦，現在很高興能被賣掉。她沒有媽媽，也沒有其他親人。她很多年前就被帶走，離開了她的家庭。為了她的安全，有幾個朋友去監獄找奴隸販子，希望在累積奴隸、還沒拍賣的期間，能允許跟她待在一起。這種優待幾乎不可能發生。但這樣可以替奴隸販子省下了牢房跟伙食費，雖然金額不大，對奴隸販子來說卻很重要。

老弗林特醫生一向不喜歡再見到自己賣掉的奴隸。他命令羅絲滾出去。但他已經不是她的主人了，她根本不理他。曾經被壓迫的羅絲現在做了主。他灰色的眼睛憤怒地瞪著她，但他現在也只有瞪的權力。「這女孩怎麼會來這裡？」他問：「妳明明知道我已經把她賣了，妳又有什麼權利可以找她來？」

我回答：「這是我外婆家，羅絲是來看她的。我沒有權利把這種行為正當的人趕走。」

他打了我，如果羅絲還是他的奴隸也會被打。我外婆注意到喧嘩聲，她走進來時正好看見醫生又要動手。她不會任由別人在自家動粗還不被譴責。醫生解釋，因為我頂撞他。她越來越生氣，最後用言語爆發出來，她叫道：「滾出我的房子！回家，照顧你老婆跟小孩，管好你自家的事，不用管我家的事，我已經夠忙了。」

醫生當著外婆的面，說我生小孩的事，指責她寵壞了我。外婆說，我住在這裡也是被女主人強迫的，他也不用怪老婆，因為他才是始作俑者。外婆越說越激動：「我告訴你，弗林特醫生，你也沒幾年好活了，你最好現在開始祈禱吧。要洗掉你靈魂上的污點，可能需要全部的祈禱文，或者還要更多。」

「妳知道妳在和誰說話嗎？」他問。

她回答：「是的，我當然知道。」

他氣沖沖地離開了。我看著我的外婆。彼此對視。她眼中的的憤怒已經散去，但她看起來悲傷又厭倦——因為這無止境的爭吵。我不知道這是否減少了她對我的愛。就算有，她也沒表現出來。她總是很善良，總是憐憫我的遭遇。如果不是那邪惡的奴隸制度，這個簡陋的家裡或許也會有幸福與安寧。

冬天過去了，醫生沒有來打擾我們。美好的春天來臨。當大自然重現生機，人類的心靈也會復甦。我的消沉又隨著花朵復活了。我又一次夢想自由，與其說為了自己，不如說為了孩子。我左思右想，計畫受到阻礙。似乎希望渺茫。我仍期待著。

狡猾的醫生又來了。他來的時候我不在家。有個朋友邀請我參加一個小聚會，我不想讓她失望，所以去了。讓我驚嚇的是，有個人匆忙趕來，告訴我老弗林特醫生就在我外婆家，而且堅持要見我。他們沒說出我在哪，否則弗林特一定會來朋友家鬧事。他們送來一件黑色長袍，我匆匆披上趕回家。再快也來不及，醫生已經生氣離開了。我害怕天亮，卻沒辦法讓太陽晚點出來。晨光乍現，溫暖而明亮。醫生一大早就來了，問我昨晚去哪裡。我告訴他。他不相信，派人去我朋友查證。下午他又回來，說他很滿意我說實話。他語氣有些輕浮，我猜他要嘲弄我了。

「我覺得妳是需要一點樂子，」他說：「但妳去那裡讓我有點驚訝，居然跟那些黑鬼待在一起。那不是**妳**該去的地方。誰**准**妳去找那些人了？」

我知道他在挖苦我一個白人紳士朋友，我只是說：「我是去找朋友的，他們陪著我就很好了。」

他繼續說：「我最近很少看到妳，但我對妳的好感是不會變的。我說再也不會可憐妳，只是一時衝動。我收回我的話。琳達，妳渴望自己跟孩子們的自由，而妳只有從我這裡才可能。如果妳同意我的提議，那妳和他們就可以自由了。妳和他們的父親不准有任何形式的聯絡。我會去弄一間小屋，妳和孩子可以住在那裡。我會給妳安排輕鬆的工作，例如給我的家人做些針線活。想想妳會得到什麼，琳達——一個家，還有自由！忘掉過去吧。要知道，有時候我對妳太苛刻，那也是被妳的任性逼的。妳知道的，我會要求我自己的孩子聽話，而我把妳當作孩子看待。」

他停下來等著我回答，但我沒有說話。「妳怎麼不說話？」他說：「妳還在等什麼？」

「沒什麼，先生。」

「那妳接受了？」

「不，先生。」

他的怒火快要爆發了，但他成功克制下來，他說：「妳沒有想就回答了。但我必須告訴妳，我說的有兩面性。如果妳拒絕光明的那面，妳就不得不接受黑暗那面。妳必須接受我的提議，否則就把妳跟孩子送到我兒子的種植園，一直住到妳的小女主人結婚為止。妳的孩子就會跟其他小黑人一樣。我給妳一星期好好考慮。」

他很精明。但我知道他不值得信任。我說，我馬上就可以答覆他。

「我現在不接受，」他回答：「妳實在太衝動。記好了，妳跟妳的孩子從今天起的一個禮拜是自由的。」

我孩子的命運懸在一個多麼可怕的機會之上！我知道我主人的提議是個陷阱，只要掉進去就不可能逃走了。至於他的承諾，我很了解他，我相信就算他給我簽了自由的文件，他也會想辦法去除法律效力。另一個選擇無法避免。我決定去種植園。但後來我也想，那樣我就會完全被他掌控，這種未來將暗無天日。就算我跪在他面前，求他看在孩子的份上饒恕我，我知道他也會踢我，而我的軟弱就是他的勝利。

不到一個星期，我就聽說年輕的小弗林特先生就快結婚了，對象是個門當戶對的小姐。我已經預見自己在他種植園的處境。我曾經被送到種植園受罰，但老弗林特有點擔心他兒子，所以很快就把我叫回去了。我下定決心要打敗我的主人，救我的孩子們，即使會在這個使命中滅亡。我把計畫藏在心裡。我知道我的朋友們會想辦法勸阻我，而我不想因為拒絕而傷害他們的感情。

在決定性的那一天，醫生來了，說他希望我做出明智的選擇。

「我準備去種植園，先生，」我回答。

「妳有想過，妳的決定對你的孩子有多重要嗎？」他說。

我說我想過。

「很好。去種植園吧，我的詛咒會隨著妳的，」他回答：「妳兒子要去幹活了，很快就會被賣掉。妳女兒會被養著，為了賣個好價錢。就自作自受吧！」他罵聲連連地離開了房間，內容就無需贅述了。

我站在原地，像雙腳生了根似的，外婆進來說，「琳達，孩子，妳對他說什麼了？」

我回答說我要去種植園。

「妳一**定**要去嗎？」她說：「不能做點什麼來阻止這件事？」

我告訴她，一切的嘗試都沒有用，但她求我別放棄。她說她要去找醫生，提醒他自己曾經為他們家忠心耿耿服侍了那麼久，當年還撇下襁褓中的孩子去照顧他妻子。她要告訴他，我離開他們家太久了，沒人會記得我。她會付錢買下我的時間，可以拿這筆錢去找一個比我更有能力應付這些事的女人。

我求她別去，但她堅持：「他會聽**我**的，琳達。」她去了，結果跟我想的一樣。他靜靜聽完她的話，但拒絕了。他告訴她，他做的一切都是為我好，結果我卻意氣用事，我會在種植園裡得到報應。

我的外婆很沮喪。我心懷祕密的希望，但我必須孤身戰鬥。我對孩子有著女性的驕傲與母愛。我決定讓他們走出此刻的黑暗，迎向更光明的黎明。我的主人站在權利與法律的那一邊，我則有堅定的意志。雙方勢均力敵。

16 種植園現場

隔天一大早，我帶著女兒艾倫離開外婆家。兒子生病了，我只好把他留下。坐在顛簸前行的老馬車裡，我有許多悲傷的想法。我到目前為止都在獨自受苦，但現在，我的小女兒也要被當成奴隸了。當馬車駛近那座大房子時，我想起上一次來這裡，是因為主人想報復我。我不知道現在他派我來的目的。我不清楚。我決定在職責範圍內服從命令，但我暗自認為，我越早離開這裡越好。小弗林特先生正等著我們，他叫我跟他上樓，好交待當天給我的命令。我一直忙了一天。我的小艾倫待在樓下的廚房，對於一直被好好照顧的她來說一切都變了。年輕的主人說艾倫可以自己在院子裡玩。由於他討厭看到這孩子，所以這樣已經很仁慈了。我的任務是把房子布置好以迎接新娘，我被床單、桌布、毛巾、窗簾與毛毯包圍，我思考著，腦袋動得跟拿針的手指一樣快。到了中午，我被允許去看艾倫，她哭著睡著了。我聽到小弗林特先生對一個鄰居說：「我把她帶來這裡，我很快就會讓她忘了鎮上的事。我父親要為她的不切實際負責任。他早該讓她聽話了。」這些話是故意說給我聽的，如果當面對我說，豈不是更有男子氣概？他也曾當面對我說了一些話，而這些話或許會嚇到他的鄰居，又或許不會。有其父必有其子。

在工作方面，我決定不讓他找到理由指責我養尊處優。我日以繼夜地工作，未來黯淡。當我躺在孩子身邊，我覺得看著她死去比看著她被鞭打還要輕鬆。我每天都看到小弗林特毆打其他小孩，母親們的精神也受到鞭子的沉重打擊，她們眼睜睜地站在一旁，沒有反對的勇氣。在我「聽話」到那種程度之前，還有多少苦要受呢？

我努力表現出滿足的樣子。有時我有機會寫信回家，然後我想起往事，會有好一段時間很難對自己的命運表現出平靜、漠不關心。雖然我非常努力，但我還是看見了小弗林特懷疑的眼神。新生活的考驗擊倒艾倫了。我不在身邊，沒人照顧她，她四處閒晃，幾天之後哭到生病了。有一天，她坐在我工作的房間的窗戶下面，她哭得聲嘶力竭，讓母親內心滴血。我不得不硬起心腸忍受。過了一會兒，哭聲停了，我往外望去，她不見了。那時接近中午，我冒險下樓去找她。這棟大房子的地基比地面高兩公尺。我檢查房子下方，發現她在中間睡著了。我爬到下面把她抱出來。她在懷裡的時候我心想，如果她再也不醒來，那該有多好。我把這個想法也大聲說出來了。我很驚訝有人回答我：「妳在對我說話嗎？」抬頭一看，只看到小弗林特先生站在我旁邊。他沒多說什麼，皺著眉頭走開了。那天晚上，他送給艾倫一塊餅乾和一杯加糖的牛奶。這種慷慨讓我十分意外。後來我才知道，那天下午他殺了一條從房子下面爬出來的大蛇，我認為是這件事引發了他少見的善良。

第二天早晨，一輛舊馬車載滿了要進城的木瓦板，我把艾倫放到車裡，讓她去找她的曾外婆。小弗林特先生說我應該先得到他的准許。我告訴他孩子病了，需要照顧，而我沒時間照顧她。他沒有繼續追究，因為他知道我在短時間內做了很多事。

我在種植園待了三個星期之後，打算回家看看。一定要在晚上，每個人都睡著之後才能出發。這裡離小鎮有六英里，路不好走。我要跟一個年輕人一起行動，我知道他常常偷偷回鎮上看他母親。我們在一天靜謐的夜裡出發了。恐懼加速了我們的腳步，不久之後就走到了。我到了我外婆家。她的臥室在一樓。因為天氣暖和，窗子開著。我把她叫醒，她讓我進去，然後把窗子關上，以免有人看見我。燈光亮了起來，我看見全家人圍著我，有的笑，有的哭。然後我去看我的孩子們，謝天謝地，他們睡得很甜。我俯身看著他們，淚水滴落下來。當我準備離開時，班尼動了一下，我於是回頭，低聲說：「媽媽在這兒。」他用小手揉了揉眼睛，然後睜開眼。他坐了起來，好奇地看著我。他發現真的是我之後，大聲叫道：「哦，媽媽！妳不是爸爸，對不對？他們在種植園沒有砍掉妳的腦袋嗎？」

時間飛逝，我的嚮導同伴正在等我。我把班尼抱回床上，替他擦乾眼淚，答應會很快再回來看他。我們回種植園的時候也走得很快。在半路上，我們遇到一支四個人的巡邏隊。幸運的是，我們先聽見馬蹄的聲音，在他們出現之前躲在一棵大樹的後面。他們經過時大聲叫嚷著，像是才剛尋歡作樂。謝天謝地，他們沒帶狗。我們加快腳步，到達種植園時，我們聽到手磨機的聲音，奴隸正在磨玉米。在工作的號角響起之前，我們已經安全回到房裡。我把我分得的一小袋食物給了那個嚮導，因為我知道他已經錯過磨玉米的時間，而且還要幹一整天的活。

小弗林特先生時常在房子裡巡邏，看看有沒有人偷懶。不過現在這些工作都交給我管理，因為他對此一竅不通。他很滿意我的安排，所以沒有另外雇用監工。他常常勸他父親讓我在種植園負責他的事務，並為奴隸們縫製衣服，但那個老傢伙太瞭解他兒子了，所以沒有同意這樣的安排。

我在種植園工作了一個月之後，小弗林特先生的姑媽來拜訪他。這位老夫人是善良的人，當年外婆站在拍賣台上，就是她花五十美元買下外婆，讓外婆獲得自由。我外婆很敬愛這位老夫人，我們都叫她芬妮女士。她常來找我們喝茶，我們會鋪上雪白的桌布，從老式櫥櫃裡取出瓷杯與銀勺放在桌上，享用熱鬆餅、脆茶餅，與美味的甜品。外婆養了兩頭奶牛，新鮮的奶油是芬妮女士的最愛，她總是說這裡有全鎮最好的奶油。兩個老夫人相處得十分愉快，她們一邊做事，一邊聊天，有時談起往事，她們的眼鏡會被淚水打濕，不得不拿下來擦拭。芬妮女士離開時，外婆總是在她包包裡塞滿最好吃的蛋糕，然後邀請她下次再來。

有一段時間，老弗林特醫生的妻子會過來和我們一起喝茶，她的孩子也來享用「瑪莎阿姨」的美味佳餚。後來我變成她忌妒、憎恨的對象，她開始怨恨外婆提供我與孩子們庇護。她甚至在街上都不理外婆。這讓外婆很傷心，畢竟她無法討厭一個自己曾經哺乳過的孩子。醫生的妻子大概很希望芬妮女士與我們斷絕往來，所幸她並不依賴弗林特家族。芬妮女士在經濟上獨立，而獨立本身比施捨來的一切都有價值。

由於這些往事，我一直都很喜歡芬妮女士，也很高興能在種植園看到她。她溫暖寬大的心胸，讓她待的這棟房子變得更舒適。她住了一個星期，我和她聊過不少次。她說她來的主要目的，是想看看我的待遇如何，看看能不能為我做些什麼。她問是否能幫助我，什麼事情都可以。我說恐怕不能。她用她獨特的方式安慰我，她說，希望我與外婆家所有人都可以在墳墓中安息，因為她認為只有這樣我們才得以安寧。這位善良的老夫人作夢也沒想到，我打算給予自己與孩子們安寧——但不是透過死亡，而是透過自由。

我一次又一次走了那十二英里的險路，往返種植園與鎮上。路途中，我一直思考能讓我與孩子們自由的逃離方法。我的朋友試過了一切方式想買下我們，但全都失敗了。老弗林特醫生起了疑心，不可能會放過我們。我本來可以一個人逃走，但我之所以渴望自由，更多是為了我無助的孩子們，而不是我自己。雖然這種恩賜對我來說彌足珍貴，但我不會讓他們淪為奴隸，以此為代價追逐自己的自由。我受的每一次磨難，為他們做的每一次犧牲，都將他們拉近我的心。我因此得到新的勇氣，讓我在這個似乎永無止境的暴風雨之夜中，擊退滾滾而來的黑暗浪潮。

六個星期快結束時，小弗林特先生的新娘即將住進新家。一切都安排就緒，小弗林特先生說我做得很好。他打算在星期六離開，下個星期三會帶著他的新娘回來。我接受了他給我的各種命令之後，大膽地請求他允許我星期天回鎮上看看。他准許了，我對此非常感激。這是我第一次向他提出這種要求，也希望是最後一次。要完成我的計畫，需要不只一個晚上。但星期天是個絕佳機會。我和外婆一起度過了這個安息日，再也沒有比這天更平靜美好的日子。對我來說，這是矛盾糾結的一天。這也許是我最後一次待在這個可愛的小屋簷底下了！這也許是我最後一次和人生摯友們聊天了！這也許是我最後一次與孩子們團聚了！唉，我想這總比讓他們當奴隸好。我知道可愛的女兒將面臨奴隸的厄運，決定拯救她——就算這要我付出性命。我到奴隸的墓地，在父母的墳前立下誓言：「那裡不再有惡魔糾纏，困乏之人得以安息，囚犯們也同享安寧。他們聽不見壓迫者的聲音。奴隸脫離了他的主人。」我跪在父母墳前感謝上帝，我以前常這麼做，但他們沒有活著見證我的苦難，也沒有為我的罪孽哀悼。母親去世時，我得到了她的祝福。在無數艱難困苦的日子裡，我彷彿聽見了她的聲音，有時輕輕責備我，有時低聲說出愛的話語，傳進我受傷的內心。想到我的孩子將來回憶母親時不能像我回憶我的母親一樣滿足，我不禁潸然淚下。

這一片墓地在樹林裡，暮色降臨了，呈現出死一般的寂靜，除了偶爾傳來的鳥叫聲。這肅穆的景象震懾了我的心靈，我常來這裡已經十多年了，從未感覺它如此莊嚴。母親的墓前有一截黑色的樹樁，這是父親種的那棵樹留下的。父親的墳用一塊小木板做墓碑，上面有他的名字，但已模糊難辨了。我跪下來吻它們，並向上帝禱告，祈求給予即將冒險的我一些指引與支持。當我經過破舊的禮拜堂時（奈特．杜納叛亂之前，奴隸們被允許在那裡集會、做禮拜），似乎聽見父親的聲音，叫我在獲得自由或進入墳墓之前都不要逗留。我帶著重新燃起的希望前行。在墓地裡的祈禱讓信仰更加堅定。

我的計畫是：先躲在一個朋友家，在那裡躲幾個星期，直到搜尋結束。我希望老弗林特醫生會心灰意冷，然後因為擔心經濟上的損失，也怕我的孩子會消失，最後會同意賣掉我們。我知道有人會出價。我為了讓孩子們與我分離時過得舒適，盡可能做了最好的安排。我收拾行李時，外婆進來了，問我在做什麼，我回答：「我在把東西收整齊。」我努力做出愉快的聲音表情。但她警覺的眼睛已經發現了實情。她把我拉過去，叫我坐下，認真地看著我說：「琳達，妳想殺了妳的老外婆嗎？妳想離開那些無助的孩子嗎？我現在老了，沒辦法像照顧妳那樣照顧他們。」

我告訴她，如果我走了，或許孩子的父親能讓他們自由。

「我的孩子啊，不要太相信他。陪在孩子身邊，跟他們一起受苦到死。棄子的母親會被人唾棄，如果離開他們，妳永遠不會快樂的。如果妳走了，我所剩不多的日子會非常難熬。妳會被抓回來，妳的下場會十分悽慘。想想可憐的班傑明。放棄吧，琳達。試著再忍耐一陣子，事情或許比我們預期的好。」

我即將給這個寬厚、慈愛的老人帶來悲傷，我的勇氣消失了。我答應會再忍耐一段時間，並保證我不會在她不知道的狀況下讓屋子裡的東西不見。

每當孩子爬上我的膝蓋，或把我的大腿當枕頭時，她就說：「可憐的小傢伙！沒有媽媽你們該怎麼辦？她不像我那樣愛你們。」她把孩子們抱在懷裡，像是在責備我缺乏母愛，但她一直都知道我愛他們勝過愛自己。我那天晚上和外婆睡在一起，這是最後一次。這個記憶多年來縈繞在我心，揮之不去。

我星期一回到種植園，開始為重大的日子忙忙碌碌，做好各種準備工作。星期三到了。天氣相當好，奴隸的臉蛋有如陽光般燦爛，這些可憐的生物很快樂。他們期待收到新娘的小禮物，希望在她的管理之下會讓日子更好。我沒有這種希望。我知道奴隸主的年輕妻子，通常會認為只有殘暴才最能夠建立、維護她們的權威與地位。我聽說過小弗林特新娘的一些事，讓我無法相信她的嚴厲程度會遜色於小弗林特與監工。確實，黑人是世界上最快樂、最寬容的人種。奴隸主可以高枕無憂，是因為黑人太過善良。但奴隸主對黑人苦難的憐憫，卻不比對一匹馬或一隻狗來得多。

我和其他人站在門口迎接新人。新娘是個漂亮、嬌嫩的姑娘，一看到新家，就激動得脹紅了臉。我想，她可能看見了幸福未來的幻象。這讓我有些傷感，因為我知道烏雲很快就會蓋住她的陽光。她仔細察看了房子的每個角落，對我說她很滿意。我盡量取悅她，因為我擔心老弗林特夫人會對她說我的壞話。

晚飯之前一切都很順利。這是我生來第一次在宴會伺候，我其實不介意這種尷尬，但我更介意老弗林特與他的妻子，因為他們也在賓客之列。在我打理房子的這段期間，老弗林特夫人從來沒出現在莊園裡，這讓我猜不透。我已經五年沒有與她碰面了，現在也不想見到她。她是個基督徒，無疑把我目前的處境視為她祈禱的結果。她最喜歡看到我恭順謙卑、任人踐踏了。我正處在一個她希望的情況——在一個冷酷不人道的主人的力量之下。她在桌邊就坐，沒有與我說話。但當我把盤子遞給她時，她掛著滿意而勝利的微笑，比話語更有說服力。老醫生展現權力時沒有那麼安靜。他一直使喚我，也會特別強調「**妳的**女主人」。我像一個沒人格的士兵被反覆操練。當一切結束時，我鎖上最後一扇門，然後找到自己的枕頭，感謝上帝為疲憊的人安排休息時間。

第二天，新的女主人開始管理家務。我其實沒有被叫去做所有的工作，但我必須服從命令。星期一晚上來臨了，這段時間總是很忙，因為晚上要發放奴隸們一週的伙食配額。男人會有三磅肉，一配克玉米（約九公升），還有一打鯡魚。女人會有一磅半的肉，玉米、鯡魚和男人一樣多。十二歲以上的孩子分到的食物是女人的一半。奴隸的領班會把肉切好、稱重，然後把肉堆在肉房前面的木板上。第二個領班會待在建築物的後面，當第一個領班大喊：「這一塊肉是誰的？」第二個領班就會回答某人的名字。這種方法可以避免分肉時不公平。年輕的女主人過來看看她的種植園情況，很快就讓人見識了她的本性。等待領取食物配額的人中，有一名年老的奴隸，他已經忠誠地為弗林特家族服務了三代。當他一瘸一拐地上前取肉時，女主人說他太老了，不該有配額。她說黑奴老到沒辦法幹活的話，就應該去吃草。可憐的老人！他在入土安息之前，還要歷經一番痛苦。

新的女主人跟我相處的不錯。過了一星期，老弗林特夫人再次來到種植園，關起門與她的兒媳婦談了很久。我猜測她們的談話內容。這位老醫生的妻子已經知道，我只有一種條件下可以離開種植園，但她非常想要我留在這。我是值得她信任的，而如果她確實信任我，就不會害怕我接受這個條件。當她上了馬車準備返回，她對年輕的女主人說：「別忘了快點把他們接過來。」我的心懸在那兒，立刻斷定這是在說我的孩子。第二天醫生來了。我在房間裡擺放茶桌，我聽到他說：「別等了，明天就把他們接來。」我看穿這個陰謀。他們認為如果我的孩子也來種植園，我就會被牢牢地束縛在這裡，而這是一個好地方，可以讓我們全都屈從奴隸命運的擺佈。老醫生離開後，一位紳士來拜訪，他對我外婆與家人都表現得很親切。小弗林特先生帶他參觀種植園，讓他看看奴隸男女的勞動成果，那些無償工作的人穿著破衣爛衫，個個忍饑挨餓。他們的腦中只有棉花。棉花很不錯，於是那位紳士拿了些樣品，準備拿回去給朋友們看看。我奉命拿水給他洗手。他問我：「琳達，妳覺得妳的新家怎麼樣？」我說我很喜歡，這裡和我想的一樣好。他說：「他們覺得妳還不滿足，明天他們要把妳的孩子接來和妳一起住。我替妳難過，琳達。我希望他們能善待妳。」我還沒道謝就急忙離開房間。我的猜測沒有錯，我的孩子們就要被帶到種植園，接受「聽話」的訓練。

直到今天，我都很感激那位及時帶來消息的先生。這讓我有勇氣立刻行動。

17 啟程

小弗林特先生家裡的僕人數量不足，他為了不失去我而克制住邪惡。我雖然不情願，但依舊忠於職守。他們顯然害怕沒有我。小弗林特先生希望我睡在大房子裡，而不是一般僕人的營房。他的妻子同意這個提議，但她說我不能把自己的床帶進屋子，因為裡面的羽毛會弄髒屋子的地毯。我知道他們根本不會為我和我的孩子弄一張床，哪一種床都沒有，所以我自己搬床，可是現在卻被禁止了。我自始至終服從命令。但我現在相信，他們為了加強對我的控制，想要先控制我的孩子。我決定當天晚上就離開。我清楚記得這一步將會帶給我親愛的外婆多少痛苦，若非為了孩子們的自由，我不可能違背她的勸阻。我做晚上的工作時腳步發抖，小弗林特先生在他的房內喊了兩次，問說為什麼屋子還不鎖門。我回答工作還沒做完。他說：「時間已經很夠了，回話時給我注意點。」

我關上了所有窗子，鎖上了所有房門，上了三樓，等待著午夜。這幾個小時非常漫長，我多麼虔誠地祈禱著，渴求上帝別在這個關鍵時刻拋棄我！我幾乎要把一切賭進這一局。如果我失敗了，啊，我和可憐的孩子會如何？他們必將因為我的錯誤而受苦。

午夜十二點半，我躡手躡腳地走下樓梯。我在二樓停下腳步，因為似乎聽見什麼動靜。然後我摸索著來到客廳，向窗戶望去。夜很黑，我什麼也看不見。我輕輕打開窗戶，跳了出去。大大的雨滴打了下來，黑暗使我不知所措。我跪下來做了一段簡短祈禱，祈求上帝的指引和保護，接著摸黑找到大路，用閃電般的速度跑回鎮上。我到了外婆家，卻不敢去看她。她肯定會說：「琳達，妳要把我逼瘋了！」我知道這會讓我勇氣盡失。我輕敲一個房間的窗戶，有個女人在這住了幾年。我知道她為人老實，可以替我保守祕密。我在窗戶上敲了好幾下，她才聽見。最後她打開窗戶，我低聲說：「莎莉，我逃跑了，讓我進去，快點！」她輕輕打開門，低聲說：「看在上帝份上，別這樣！妳外婆正在想辦法把妳跟小孩買回來。桑德斯先生上週來過這裡，他跟妳外婆說他要去出差，他叫她去買回妳和孩子，而他會盡可能提供幫助。別跑，琳達。妳外婆已經要被麻煩事壓垮了。」

我回答：「莎莉，他們明天要把我的孩子帶到種植園去。只要我還在他們手上，沒有人買得到我的孩子。現在妳還要勸我回去嗎？」

「不，孩子，不！」她回道：「要是他們發現妳不見了，就不會為難孩子們。但妳要藏在哪裡？他們對這間房子瞭若指掌。」

我告訴她有一個藏身之處，這是我所能說的一切了，這樣對她比較好。那裡一定會是她知道最好的躲藏之處。我要她天一亮就趕到我的房間，把我箱子裡的衣服全都拿出來，裝到她的衣箱裡。因為我知道小弗林特先生和警察一早就會來搜查房間。我擔心看到孩子會不堪負荷，但我無法不見他們最後一面就逕自走向未知。我走近床邊，彎腰看著我的小班尼和艾倫。可憐的小傢伙！無父無母！我想起他們的父親。他也想善待他們，但他們不完全屬於父親，正如他們也不屬於我這顆母親之心。我跪下來，為這兩個無辜的小傢伙祈禱。我輕吻了他們，轉身離開。

當我正要打開鄰街那側的大門時，莎莉把手放在我的肩上：「琳達，妳一個人走嗎？我去叫妳舅舅。」

「不，莎莉，我不想任何人因為我惹上麻煩。」我回答。

我走到黑暗的雨中。我頭也不回地跑到一個朋友的家裡，她會把我藏起來。

隔天一早，小弗林特先生到外婆家找我。外婆說沒看見我，以為我還待在種植園。他仔細看著她的臉說：「妳不知道她跑了？」外婆向他保證沒見過我。他繼續說：「昨天晚上她沒來由地跑了。我們對她一直很好。我妻子喜歡她。她很快會被找到，然後帶回來。她的孩子跟妳住在一起？」當他知道孩子住在這，他說：「這是好消息，如果小孩還在這裡，她肯定不會離開太遠。如果我發現我底下有哪個黑鬼跟這件該死的事有關，我會抽他五百下鞭子。」他接著往他父親家去，卻半路回頭，頗具說服力地補充道：「我們會把她帶回來，讓她和孩子們住在一起。」

這消息讓老醫生暴跳如雷。這一天讓他們忙得不可開交。外婆的房子被徹底搜查了一遍。由於我的衣箱空了，他們斷定我把衣服帶走。早上十點之前，每一艘航向北方的船隻都被仔細檢查，並對船上所有人宣讀不准窩藏逃犯的法律。到了晚上，他們派了守夜人看守城鎮。我知道外婆會很痛苦，本想給她送個口信，但完全不可能。進出她房子的每一個人都受到嚴密監視。醫生說他會把我的孩子帶走，除非外婆要承擔「監護」責任。她當然願意。隔天他們持續搜查。天黑之前，方圓數英里的每個公共場所的每個角落，都貼上了告示：

> **懸賞三百美元！**逃離奴隸主，一個聰明伶俐的穆拉托女孩，名叫琳達，二十一歲。身高約一百六十二公分，黑眼睛，黑髮微卷，但也可能弄成直髮。門牙上有蛀斑，她會讀寫，很可能逃到自由州。根據法律，任何人都不得窩藏、雇傭上述這名奴隸。在本州抓住她的任何人，將能得到一百五十美元。如果是在其他州抓住，把她送還給我或關進監

獄，將能得到三百美元。

弗林特醫生

18 危機四伏的幾個月

他們尋找我的過程比我想像中的還要頑強，我開始認為逃跑行不通了。我非常擔心，生怕會牽扯到庇護我的朋友。我知道後果很可怕。我雖然怕被抓到，但我寧可被抓，也不願讓一個對我好的無辜之人受折磨。我提心吊膽過了一個星期，搜查人員來到附近，十分接近我的藏身之處，我覺得他們已經追蹤到這裡了。我飛奔出房子，躲進一叢茂密的灌木。我在恐懼中煎熬了兩個小時，突然間，有一隻爬行動物咬住了我的腿。我嚇了一跳，於是重重打了一拳，牠因此鬆口，但不確定牠是否被打死了。那裡很暗，看不清牠是什麼動物，只知道觸感冰涼、濕滑。我很快就感覺疼痛，意識到傷口有毒。我被迫離開灌木叢，摸索著回到屋內。疼痛變得非常劇烈，朋友被我痛苦的表情嚇傻了。我請她準備一種用醋跟溫熱的草灰製成的藥膏，然後敷在已經腫得厲害的腿上。這樣疼痛有些緩解，但沒有消腫。比起皮肉之痛，我更害怕殘疾。我朋友又去找一位經常給奴隸看病的老夫人，問她蛇或蜥蜴咬傷該怎麼

辦。老夫人告訴她把十幾枚銅幣浸在醋裡，隔夜把醋敷在發炎的地方。[7]

我小心翼翼地傳達一些訊息給親戚們。他們受到了嚴厲的威脅，對我成功逃跑的機會感到絕望，他們勸我回到主人那裡請求原諒，接受處罰。但這些勸說沒有讓我動搖。我當初邁開這危險的一步時，就已經下定決心，無論發生什麼事情都不回頭。「不自由，毋寧死！」是我的座右銘。當我的朋友設法讓他們知道我在這二十四小時遭遇的痛苦時，他們不再勸我向主人自首。必須要行動，而且要快。但他們不知道去哪裡尋求幫助——慈悲的上帝這時終於喚醒了「雪中送炭」的人。

有一位女士從小就認識外婆，而且對外婆相當友善。她也認識我母親與我的手足，非常關心我們。在這個緊要關頭，她去探望外婆——她以前也經常拜訪。她看見外婆一臉悲傷不安，問說琳達去哪了，安不安全。外婆搖搖頭，沒回答。「來吧，瑪莎阿姨，全都告訴我，也許我能幫上忙。」那位好心的夫人說。她的丈夫有很多奴隸，也做奴隸買賣。她自己名下也有些奴隸，但她對奴隸很好，從來不讓他們被賣掉。她不像大多數奴隸主的妻子。我的外婆認真地看著她。她臉上的表情似乎在說：「相信我！」外婆確實相信了。她聽外婆述說我的事情，沒少了任何細節，然後坐著思考了一陣子。最後她說：「瑪莎阿姨，我很同情妳們兩個，如果妳覺得琳達有機會到自由州去，我會讓她躲在我那裡一段時間。但首先，妳必須鄭重答應我，永遠不要提到我的名字。如果這件事情被人知道，會毀了我和我的家庭。我家裡的人也絕對不能知道，除了廚師貝蒂。她非常忠誠，我甚至可以把生命交給她。我知道她喜歡琳達。這非常危險，但我相信不會有事的。給琳達傳話，叫她在天黑時做好準備，那時候巡邏隊還沒出發。我會打發女僕出去辦事，然後叫貝蒂去接琳達。」我們見面的地點已經商定好了。我祖母對這件高尚之事的謝意難以言表，於是她情緒最終潰堤，跪在地上像孩子般地啜泣起來。

我收到了一個消息，在某個時間離開我朋友的房子，去一個地點，那裡會有個朋友等著我。為慎重起見，這段話沒有提到任何人的名字。我猜不到我會看到誰，也猜不到之後要去哪裡。我不喜歡像這樣前途迷茫，但我別無選擇。反正待著也行不通。我喬裝好，鼓足勇氣做了最壞的打算，然後去了約定的地點。我朋友貝蒂在那裡。她是我此刻最不願見到的人。我們匆匆趕路，沒有交談。腿上的傷十分疼痛，幾乎快要跌倒了，但恐懼給了我力量。我們到達那所房子，在沒人發現的狀況下進屋。她說了第一句話：「親愛的，現在妳安全了。那

7 蛇毒是一種強酸，可被強鹼如木灰，阿摩尼亞等中和。印第安人習慣在患處敷上濕草灰，重度患者則要把傷肢埋進灰裡。白人鐵路工在蛇經常出沒工作時，經常攜帶阿摩尼亞當作解毒劑。

些惡人不會來搜查**這間**屋子。等我把妳帶到夫人給妳準備的安全之地，會給妳帶些熱騰騰的好吃晚餐。這一路飛跑，妳該餓了。」貝蒂的工作讓她認為「吃」是生活中最重要的事。她沒有發現我被心事填滿，根本顧不上吃飯。

女主人來迎接我們，把我帶到樓上的一個小房間，在她的臥室上方。「這裡很安全，琳達。我把這個房間用來放一些沒用的東西。女僕不習慣來這裡，除非有聲音，不然他們不會起疑。我總是會把門鎖上，鑰匙會給貝蒂保管。但妳一定要非常小心，不僅為了妳自己，也為了我。永遠別說出這個祕密，因為這會毀了我和我的家庭。早上我會讓女僕們一直有事做，這樣貝蒂就有機會給妳送早餐了，不過要到晚上她才能再過來。我有空的話會來看妳。鼓起勇氣，我希望這個狀況不會太久。」貝蒂帶著「熱騰騰的好吃晚餐」過來了，女主人急忙下樓把事情安排妥當，然後又回來了。我心中充滿了感激之情！我說不出話來，多想跪下親吻恩人的腳啊！這是一位真正的基督徒，願上帝永遠保佑她！

那天晚上睡覺時，我覺得自己是鎮上最幸運的奴隸。到了早晨，我的小房間充滿光明。我感謝天父給了我安全的隱身之所。我的窗戶前面，是一堆羽毛鋪蓋，躺在上面會完全藏起來，可以看見老弗林特醫生前往辦公室的那條街。雖然很不安，但只要看到他我就會有一絲滿足。因為目前為止，我的聰明贏過他，也戰勝了他。誰能責怪奴隸狡猾呢？他們經常被迫訴諸狡猾。這是弱者和受壓迫者反抗暴君的唯一武器。

我每天都希望聽到主人賣掉我孩子的消息，因為我知道有人密切關注，並等著出價。但與金錢相比，老弗林特醫生更在乎復仇。為了逼我的親戚們透露我的事，我的弟弟威廉、在他家服侍了二十年的好阿姨、我的兒子班尼，還有剛滿兩歲的艾倫，全都被關進了監獄。他發誓在我回來之前，外婆永遠不能再見他們一面。他們把這件事瞞了我好幾天，後來我聽說我的孩子們被關進了可怕的監獄，我第一個想法就是去看他們。為了讓他們自由，我遇上了困難，難道他們卻要因我而死嗎？這種想法使我苦不堪言。恩人試著安慰我，說我阿姨會在監獄中照顧好孩子的。可是一想到那好心的老阿姨就更痛苦了，因為她一向善待姊妹的遺孤，卻因為愛這些孩子就進入監獄。我猜，這時朋友們都擔心我會衝動行事，因為他們知道我的生命與孩子們緊緊相依，正如他們一樣。我收到弟弟威廉的便條，字跡不太好看懂：「不管妳在哪裡，親愛的姐姐，我求妳別過來。我們過得比妳好。如果妳來了，會害了我們所有人，他們會逼問妳去的地方，否則會殺了妳。聽妳朋友的建議吧，就算不為我和妳的孩子著想，也要想想那些可能因為妳被摧毀的人。」

可憐的威廉！我的手足也必須受苦。我接受了他的建議，保持沉默。一個月後，我的阿姨出了監獄。老弗林特夫人已經厭倦自己當管家，所以不得不把她找回來。沒有阿姨在，她累到沒辦法做飯再吃飯。我的孩子們還在監獄，威廉則盡其所能讓小孩舒服些。貝蒂有時會去看他們，然後傳話給我。她不能進到監獄，但威廉把小孩舉起來，這樣貝蒂就能透過柵欄和他們說話。當她重複閒聊給我聽，說他們有多想見到媽媽時，我就會眼淚直流。老貝蒂這時會叫道：「哎呀，孩子！妳哭什麼？這兩個可惡的小傢伙會害死妳，別這麼脆弱。妳如果這樣，會永遠回不去這個世界。」

多麼善良啊！她一輩子沒生過孩子。她沒有過讓孩子抱著脖子，沒看過孩子溫柔地看著自己，也沒聽過甜美稚嫩的聲音叫她媽媽，從沒把自己的骨肉緊緊摟在懷中，感覺自己戴著鐐銬，也有活下去的理由。她怎麼會懂我的感受？貝蒂的丈夫非常愛小孩，卻想不通上帝為什麼不賜給他一個。他非常難過地告訴貝蒂消息，艾倫已經從監獄被帶到老弗林特醫生的診所。艾倫進監獄之前就得了麻疹，病情讓她的視力受到影響。醫生於是帶她回去照顧。我這兩個孩子一直很害怕老醫生夫婦，從沒去過他們的房裡。可憐的小艾倫整天哭，說想回去監獄。幼童的本能是真實的，她知道監獄裡有人愛她。她的哭鬧讓老弗林特夫人很惱火。她在日落之前叫來一個奴隸，說：「比爾，過來！把這個小鬼帶回監獄。她吵得我受不了。如果能安靜下來，我就把這小潑婦留著。她不久之後就可以當我女兒的女僕了。但她的膚色是白的，如果留在這，我想她不是被我殺了，就是被慣壞。我希望醫生把他們都賣了，越遠越好。至於他們的母親——她的女主人看清楚了她逃跑的後果。她對孩子的感情還不如母牛對小牛。如果有的話，早就回來把小孩從監獄救出去了，讓我們省下這些費用跟麻煩。無用的賤婦！只要抓住她，一定要上銬關進監獄六個月，然後賣給甘蔗種植園。我倒要看看她聽不聽話？你還站著幹什麼，比爾？為什麼不帶著這個小鬼走開？現在給我記好，不准讓她在街上跟任何黑奴說話！」

我聽到老弗林特夫人說艾倫「不是被殺，就是被慣壞」時笑了。我心想，後者幾乎不會有什麼危險。艾倫不斷哭鬧到被送回監獄——我一直覺得這是上帝的特別眷顧。

那天晚上，老弗林特醫生出診去找病人，到早上才返家。經過我外婆家時，他看見屋裡亮著，心想：「也許跟琳達有關。」他敲了敲門，門開了。他說：「你們怎麼起得這麼早？我看到屋子亮著，想停下來告訴妳，我已經知道琳達在哪裡了。我知道要去哪裡抓她，十二點之前就會抓到。」他轉身離去時，外婆和舅舅面面相覷，十分著急。他們不知道這是不是醫生的詭計。猶豫之際，他們認為最好給貝蒂傳個話。貝蒂不願驚動女主人，決定自己處理。她來我的房間，叫我起來，趕快穿好衣服。我們匆匆下樓，穿過院子，進入廚房。她鎖上門，在廚房地板上掀起一塊木板，在裡頭鋪了水牛皮和地毯，讓我躺在上面，身上蓋了被子。「待在這，等我看看他們不知道妳在這。他們說十二點前會抓到妳。就算他們**本來**知道，**現在**也不會知道了。他們這次會很失望。我只能這樣說了，如果他們敢來翻**我的**東西，我這黑奴一定會罵他們一頓。」在這一張淺淺的「床」裡，空間只夠我用手摀住臉，避免塵土跑到眼睛，因為貝蒂每個小時大概會經過二十次，從衣櫥走到壁爐來回走動。當她自己一人時，我聽見她咒罵老弗林特醫生和他一家，還不時笑著說：「這次黑鬼實在太聰明，把他們耍的團團轉。」有其他女僕過來時，她想辦法聊天，讓我聽聽她們的說法。貝蒂重複了一些謠傳，說我在這裡、在那裡，或在另一處的消息。然後她們回答，我不會笨到留在附近，說我可能已經在費城或紐約了。等所有人都睡了。貝蒂拿起木板：「出來吧，孩子，出來。他們根本不知道妳在哪，這只是白人嚇黑人的小把戲。」

這次有驚無險，幾天後我又遇到了更驚險的狀況。那天，我靜靜坐在樓上的小房裡，想著一幕幕愉快的景象。我猜想，老弗林特醫生不久後會放棄利用小孩找到我，在絕望下願意賣了孩子們。而且我知道有人已經準備好要買下他們。突然間，我聽到一個聲音，毛骨悚然。那是我再熟悉不過的聲音，太可怕了，我馬上就聽出是我的老主人。他在屋子裡，我立刻斷定他要來抓我。我驚恐地查看四周，不可能逃脫。聲音減弱了，我猜想他身旁應該有巡警在搜索房子。我驚慌失措，想到這將會給我仁慈的恩人帶來多大麻煩。似乎我生來就是要讓所有對我好的人發生不幸，那是我人生苦酒中最苦澀的一滴。過了一陣子，我聽到腳步聲越來越近。鑰匙轉動著門鎖。我把身體緊緊挨著牆以免摔倒。我提起膽子抬起頭來，只見恩人站在那裡。我說不出話來，癱坐在地上。

「我想妳聽到了妳主人的聲音，」她說：「我知道妳會害怕，所以來告訴妳不用擔心。妳還可以盡量笑那個老傢伙，他相信妳人在紐約，為了去找妳，來這裡借五百美元。我妹妹有在按息放款。他拿了錢，打算今晚就動身去紐約。所以妳看，妳現在很安全。老弗林特醫生出發去找他丟在這的鳥兒，最後不過只是白花錢而已。」

19 孩子們的契約

醫生從紐約回來了，自然一無所獲。他花了不少錢，相當沮喪。威廉跟孩子們在監獄裡待了兩個月的開銷也不算小。他如此沮喪，我的朋友們都覺得這是個好時機。桑德斯先生找了一個奴隸的投機客出價九百美元買下威廉，八百美元買下兩個孩子。這種價格在當時的奴隸買賣中是很高的，但醫生回絕了。這不只是錢的問題，像班尼這樣的小孩最多大概是兩百美元。他不想放棄報仇。但他手頭拮据，於是只好反覆考慮。他知道，如果等到艾倫十五歲再賣，會賣一個好價錢。但我猜，他大概也覺得艾倫可能會病死，或者被偷走。無論如何，他最後做了結論——最好接受這個奴隸販子的出價。醫生在街上見到奴隸販子，便問他預計什麼時候要離開。奴隸販子回答：「今天，十點。」醫生說：「啊，這麼快就走了？我一直想你開的條件。我決定，如果你拿一千九百美元，我就把這三個黑奴賣給你。」經過一番討價還價，奴隸販子同意了他的條件，要求立刻起草合約，然後簽署完成，因為他留在鎮上

的這一小段時間裡還有很多事要處理。醫生去監獄告訴威廉，如果他發誓以後老老實實，那就讓他回去幹活，但威廉說寧願被賣掉。「你會被賣掉的，你這忘恩負義的流氓！」醫生大罵。不到一個小時，醫生收了錢，文件也簽了名、蓋了章，銀貨兩訖。我的弟弟和孩子現在都到了奴隸販子手上。

這一筆交易非常倉促。結束之後，老醫生才找回他一貫的謹慎。他回去找奴隸販子，說：「先生，我來是要你用一千美元當作擔保，不能把這三個奴隸賣給本州的任何人。」商人回答：「你來得晚了，我們的買賣已經結束了。」事實上，奴隸販子已經把他們轉手賣給了桑德斯先生，但他沒告訴醫生。醫生要比爾給「那個流氓」帶上鐵銬，然後出城的時候走小路。這個奴隸販子有被交代，要盡量滿足醫生的願望。我好心的老阿姨去監獄跟孩子們道別，以為他們已經成了奴隸販子的財產，永遠都無法再見面了。她把班尼抱在大腿上，班尼對她說：「南茜姨婆，我要給你看這個。」他帶她到門前，給她看一長排記號，解釋說：「威廉舅舅有教我數數，我在這裡，每天都在做記號，現在是第六十天。很久很久。奴隸販子要把我和艾倫帶走。他是壞人，他把曾外婆的小孩帶走不對。我想找媽媽。」

我的外婆被告知，孩子會送回到她身邊，但她必須表現得好像真的會被帶走。因此，她拿了一捆衣服去監獄。當她趕到那裡，看見人群中的威廉雙手被銬，孩子關在奴隸販子的車裡。這個場景似乎太真實，她擔心其中有欺騙或變數，於是就暈倒了，被人抬回家。

馬車在飯店門口停下，有幾位先生出來想買威廉，奴隸販子拒絕，但沒說已經賣出了。這一群像是牲口的黑人被趕著走，不知道自己要被賣到哪裡，現在對他們來說很難熬。丈夫與妻子分離，父母被剝奪了小孩，到死都再難相見。他們雙手不願鬆開，發出絕望的哭嚎。

老弗林特醫生非常滿意地看著馬車離開鎮子，他的妻子則認為我的孩子們「被帶到越遠越好」，所以也相當開心。奴隸販子按照契約，讓我舅舅跟著馬車走了幾英里，然後到達一間古老的農舍。到了那裡，奴隸販子打開威廉手上的鐵銬，說道：「你他媽的真是個聰明的年輕人，我多想自己留著用。那些想買你的先生說你聰明又誠實，叫我一定要給你找個好人家。我猜你的老主人明天八成會咒罵，說自己是個賣了小孩的大笨蛋。我猜他找不回他們的母親了。我猜她大概往北方去了。再見了，夥計。記住，我幫你一個大忙，你要感謝我的話，最好明年秋天幫我哄來一批漂亮姑娘，那可是我最後一次買賣了。對一個有點良心的人來說，這種黑奴買賣可不是什麼好門路。去吧，你們！」那一行人繼續向前，只有上帝才知道他們會往何方。

雖然我鄙視、厭惡奴隸販子，認為他們是世上最不入流的人，但我必須公正地說，這個販子似乎是有良心的。他在監獄時就覺得威廉不錯，想把他買下來。當他聽說我孩子的遭遇後，很樂意幫他們脫離老弗林特醫生的控制，甚至不收取仲介費。

我舅舅找來一輛馬車，把威廉和孩子帶回鎮上。外婆家裡充滿了歡聲笑語。窗簾拉上了，點起蠟燭。快樂的外婆把小孩子抱在懷中，孩子也抱她、親她，拍著小手叫嚷。她跪下來祈禱，由衷感謝上帝。孩子的父親也過來待了一會兒，雖然他與我的孩子們之間的「親子關係」，在奴隸主的內心或良知上不算什麼，但他在目睹自己給他們帶來的幸福時，一定體驗到某些純粹的喜悅。

我沒有參與那天晚上的幸福。我當時還不知道發生的事情。現在，我要告訴你那時發生的事。也許這可以說明奴隸的迷信。我坐在靠窗的地板上，一如往常，那裡可以聽到街上人們的談話而不被發現。那天晚上，恩人一家都睡了，一片靜謐。我坐著想孩子們，這時我聽到一陣低沉的音樂，窗外是一支小夜曲的合唱團，他們正在唱著「家，甜蜜的家」。我一直聽著，直到曲調聽起來不像音樂，而像是孩子的哭聲。我的心似乎快爆炸了。我從坐姿站了起來，然後跪下。一道月光打在我面前的地板，光暈中間出現了我兩個孩子的身影。他們消失了，但我看得很清楚。有人會說是夢，也有人會說是幻覺，我不知道如何解釋，但這在我腦海中留下深刻的印象，我感覺孩子們一定出事了。

天亮之後，我就沒看見貝蒂。這時我聽見她輕輕轉動鑰匙，她一進來，我就抓住她，求她告訴我孩子是不是死了，或是被賣了，因為我在房間裡看見他們的靈魂，我相信他們一定出事了。「天哪，我的孩子啊，」她抱住我說：「妳開始歇斯迪里了，今晚我陪妳睡，因為妳要是弄出什麼聲音，會害了夫人一家的。有些事情讓妳心神不寧。等妳哭完我可以陪妳聊聊。妳的孩子都很好，也很快樂。我親眼看見的，還不滿意嗎？親愛的，孩子，別出聲，會被人會聽見的。」我試著聽她的話。她躺下，不久就安穩地睡著了，但我毫無睡意。

拂曉時分，貝蒂起床去了廚房。時間慢慢流逝，黑夜出現的景象不斷縈繞我的腦海。沒多久，我聽見兩個女人在大門說話。我聽出其中一個是女僕，另一個人對她說：「你知道琳達·布倫特的孩子昨天賣給一個奴隸販子嗎？有人說老弗林特看到他們被帶出了鎮子，非常高興。但有人說他們後來又回來了。我猜，就是孩子的爸爸做的。聽說，他也買了威廉。天哪！老弗林特知道後會怎樣啊！我要去瑪莎阿姨家看看狀況。」

我為了不出聲，緊緊咬著嘴唇直到滲血。我的孩子和外婆在一起，還是被奴隸販子帶走了？懸念是可怕的。貝蒂**到底**會不會告訴我真相？最後她來了，我急忙重複我聽到的話。她臉上露出燦爛的笑容：「天哪，妳這傻東西。我就是要把一切都告訴妳。女僕都去早餐了，夫人本來叫我不要說，讓她自己跟妳說。不過，好事多磨！讓妳久等也不好，我來說吧。妳弟弟和孩子，都被孩子的爸買走了！想到老弗林特老爺，我就快笑死了。天啊，他一定**會**咒罵。反正他也來不及了。我要出去了，女僕們會來找**我**。」

貝蒂笑著出去了，我自言自語道：「孩子真的自由了嗎？我沒有白白為他們受苦，感謝上帝！」

其他人知道我的孩子已經回到我外婆家時，都非常驚訝。消息傳遍了全鎮，許多人為我的孩子祝福。

老弗林特醫生去我外婆那裡，想打聽孩子是誰買走了，外婆告訴他實情。他說：「我早就料到了，很高興聽到這事。我最近得到琳達的消息，很快就會抓到她，妳永遠不用指望**她**獲得自由。只要我活著，她就是我的奴隸，而等到我死了，她就會變成我子孫的奴隸。如果讓我知道妳或菲利浦和她的逃跑有任何關係，我會殺了菲利浦。如果我在街上遇到威廉，他敢看我一眼，我就會把他打個半死。別讓我看見這些壞小子。」

他準備轉身離開時，外婆說了幾句話提醒他別忘了自己的所作所為。他回頭看著她，像是要把外婆打倒在地才會高興。

我盼來了快樂與感恩的時日。這是我打從童年以來，第一次真正體會到幸福。我聽說了老醫生的威脅，但這些威脅不如以往那樣令我困擾。籠罩我生命最濃重的烏雲已經散去。無論奴隸制度怎麼對我，都無法束縛我的孩子。假如我犧牲，那我的孩子就能得救。幸虧當時我這顆單純的心，相信了那些他們將得到幸福的承諾。信念總是比猜疑好。

20 新危機

老弗林特醫生大為光火，又想把仇恨發洩在我親戚身上。老弗林特指控菲利浦舅舅協助我逃跑，把他關了起來。菲利浦被帶到法庭上，他發誓說，他對我逃跑根本不知情，而且從我逃離主人的種植園之後就再也沒見過我。醫生要求菲利浦交出五百美元的保證金，確保他與我的逃跑無關。有幾位紳士主動要幫他付錢，但桑德斯先生告訴他最好回去監獄，因為他不用保證金就可以獲釋。

舅舅被關起來的消息傳到我外婆耳中，她又告訴了貝蒂。出於好心，貝蒂再一次把我藏到地板下，她一邊走來走去，一邊在廚房裡幹活，表面上在自言自語，實際上是想讓我知道情況。我希望舅舅只會被關個幾天。我還是很焦慮。我想老弗林特醫生很可能會想盡辦法嘲弄、污辱菲利浦，而他可能會失控反駁，因此又被解讀成犯上而被懲罰。我很清楚，他的說詞在法庭上根本比不上白人的一句話。他們又開始了新的搜查。有人懷疑我還在附近。他們正在搜查我住的屋子。我聽到他們的腳步與說話聲。到了晚上，大家都睡了，貝蒂把我從躲藏的地方放出來。我所受的驚嚇、不自然的姿勢與潮濕的地面讓我病了好幾天。我舅舅不久就出獄了，但我所有的親戚、朋友都受到非常嚴密的監視。

我們都明白，我不能在這兒裡多待一陣子，我在這兒住得夠久了。我知道在這裡勢必給我的恩人帶來無盡的擔憂。我的朋友都在為我的逃跑出謀劃策，但想加害於我的人極其警覺，這些計畫不可能成功。

有天早晨，我非常害怕，因為有人想進入我的房間。那人試了幾把鑰匙都打不開，我立刻認為是女僕。我想她大概聽見了房內的聲響，或發現貝蒂的進出。貝蒂在一樣的時間進來，我把發生的事告訴她。她說：「我知道是誰，小心點。是珍妮。這黑鬼開始起疑了。」我暗示她，或許珍妮可能看到、聽到一些事情才起疑。

「嘖嘖，孩子！她啥都沒看到，也沒聽到，她只是好奇。只是這樣。她想知道我的衣服是誰做的，但她別想。這是一定的，我要叫夫人修理她。」

我想了片刻，對她說：「貝蒂，我必須今晚離開。」

「妳覺得怎樣好就怎樣做吧。可憐的孩子，我也怕那個黑鬼會突然進來。」她回答。

貝蒂向主人報告這件事，然後有了新命令——讓珍妮在廚房忙個不停，直到貝蒂與菲利浦見面。他告訴貝蒂，他晚上會派一個朋友來接我。她告訴他，希望我去北方，因為這附近都很危險。哎呀，在我這種狀況下，誰都很難逃到北方。夫人為了讓我一路暢通，便帶著珍妮去拜訪她哥哥，在鄉下待了一整天。她不敢當面與我道別，卻讓貝蒂給我告別的口信。我聽見她的馬車從門口駛離，至今再也沒有有見到她。她曾經如此慷慨，幫助我這個發抖的可憐逃亡者。雖然她是奴隸主，但我至今仍然深深祝福她。

我完全不知道要去哪裡。貝蒂給我帶來一套水手的衣服——夾克、褲子、防水的油布帽。她給我一個小包裹，說可能派得上用場。她高興地叫道：「妳要去自由之州了，真替妳**高興**！別忘記老貝蒂，或許有一天我也會過去。」

我試圖表達我多麼感激她的恩情，但她打斷我。「親愛的，我不想要妳的感謝！我很高興可以幫妳，希望慈悲的上帝能給妳開個路。我陪妳去樓下大門。現在手插口袋、抬頭挺胸，跟個水手一樣。」

她很滿意我的表現。我在大門口看見彼得在等著我，他是個年輕的黑人。我認識他多年。他曾是我父親的學徒，品行端正，我不怕把一切託付給他。貝蒂向我匆匆道別，然後我們離開了。「打起精神，琳達，」我的朋友彼得說：「我帶著一把匕首，沒人能把妳帶走，除非他踩過我的屍體。」

我已經很久沒走在室外了，新鮮空氣讓我恢復精神。還有件讓我開心的事——我聽到的說話聲大過平時的耳語。一些認識的人擦肩而過，但他們沒認出喬裝的我。我在內心祈禱，為了彼得，也為了我自己，千萬別讓他亮出匕首。我們一直走到碼頭。南茜阿姨的丈夫是漁民，大家都覺得必須要讓他知道我們的祕密。他把我拉上小艇，划到不遠處一艘船上，把我吊上去。船上只有我們三人，我鼓起勇氣問他們要帶我去哪。他們說，我會在船上待到接近黎明，然後他們會讓我藏在「多蛇沼澤」，直到菲利浦舅舅為我準備好藏身之處。這艘船無法帶我去北方，因為一定會被搜查。大約四點鐘，我們回到小艇上，划了三英里到達沼澤地。由於被毒蛇咬過一次，我心有餘悸，不敢躲進那裡。但我別無選擇，我感激這些被迫害的可憐朋友，這是他們能力範圍內最好的幫助。

彼得先下船，拿著一把大刀在竹子與荊棘中砍出一條路。他回來抱起我，把我抱到一片竹子搭成的地方。我們過去的時候，有上百隻蚊子降在我們身上。才一個小時，牠們毒到讓我的皮膚慘不忍睹。天色漸亮，我看到蛇在附近爬來爬去，一條又一條。我一輩子看過很多蛇，但這些比我看過的都大得多。至今我想起那天早上，還是不寒而慄。隨著夜幕降臨，蛇的數量越來越多，我們不得不拿棍子打牠們，免得爬到我們身上。竹子又高又密，我們只能看見很近的地方。等到天快黑了，我們怕找不到路回去小艇，所以弄了一個靠近沼澤入口的地方。沒過多久，我們聽到了划槳聲和低沉的口哨聲，那是約定好的暗號。我們急忙上小艇，划到船那邊。我度過了一個可怕的夜晚，沼澤濕熱、蚊蟲叮咬加上對蛇的恐懼讓我發高燒。我才剛睡著，他們又說是時候回去那恐怖的沼澤。我幾乎沒有勇氣了。然而在我的腦子裡，那些又大又毒的蛇也不比那所謂的「文明社會中的白人」更可怕。這一次彼得拿了很多菸草來燒，想要趕走蚊子。他們達到了預期的效果，我卻非常想吐、頭痛。天黑時，我們回到船上。我白天時病得很重，彼得說就算巡邏的是魔鬼，我晚上也一定要回家。他們告訴我，外婆家裡已經準備好躲藏的地方。我想不通她的屋子怎麼會有地方能躲，弗林特一家對那裡每一吋都瞭若指掌。他們叫我等著看。我們划船回岸邊，大膽穿過街道，到達外婆家。我穿著水手的衣服，用木炭把臉塗黑。我在路上碰見幾個認識的人。我孩子的父親與我擦身而過，但他沒有認出我。

「妳現在一定要好好走一走，因為下一次不知道是何時。」彼得說。

我覺得他的聲音帶有悲傷。他很貼心，沒有直接告訴我那是個陰暗的洞穴，而我將以此為家，棲身很久、很久。

21 藏身處的暗眼

幾年前，我外婆的屋頂上加了個小天棚，他們在屋頂的大樑上橫鋪了幾塊木板，於是屋頂與木板之間形成一個很小的閣樓，除了老鼠之外什麼都沒有。這是個單斜面的屋頂，按南方的建築習慣，上面只鋪了木瓦。這個閣樓長約兩百七十五公分、寬約兩百一十三公分，最高的地方是九十公分，然後陡然斜往鋪著的木板。空氣和光線都進不來。菲利浦舅舅是木匠，他老練地做了一扇暗門，與儲藏室相連。我在沼澤地時，他一直進行趕工。儲藏室的暗門朝向一條遊廊，我一進外婆家就躲進去了。空氣令人窒息，只有黑暗。地板上已經鋪好了一張床。有一側可以讓我睡得很舒服，可是屋頂陡降，只要一翻身就會撞到屋頂。老鼠在我床上跑來跑去，不過我太疲倦，像是經歷浩劫的悲慘之人那樣沉沉睡去。早晨到來了，我只能用聽見的聲音推斷時間，因為這個小窩中沒有白天或黑夜。空氣狀況比黑暗更讓我受罪。但並不是只有不快——我聽見我孩子們的聲音。聲音中有歡樂，有時也有悲傷。這讓我淚流

滿面。我多渴望與他們說說話！我多想看看他們的臉，卻沒有洞也沒有縫讓我偷看。無止盡的黑暗很壓迫人。日復一日在這狹窄的地方或躺或坐，似乎非常可怕。但我寧願選擇這種生活，也不願做奴隸——白人卻覺得後者輕鬆多了。與別人相比，我的命運是如此可貴。我從來沒有過度勞動，沒有從頭到腳被鞭打得傷痕累累，也從來沒有被打到連翻身都不行。我從來沒有被切斷腳筋以防止逃跑，在田裡幹活時，也沒有被鍊著木頭，被迫拖著木頭走。我從未被火熱的烙鐵燙傷，也沒有被獵犬撕咬。相反地，我在遇見老弗林特醫生之前受到很好的對待，很受照顧。在那之前，我從未想過要自由。

我的食物通過我舅舅設計的暗門送上來。外婆、菲利浦舅舅與南茜阿姨會盡可能在暗門打開時與我聊天。當然，白天這麼做並不安全，必須等到天黑之後。我沒辦法直立，但我會在小窩裡爬行鍛煉。有一天，我的頭撞到了一個東西，我發現是支錐子，舅舅在做暗門的時候把它掉在這了。我非常高興，像是魯賓遜發現寶物一樣。這東西讓我有了一個幸運的念頭。我對自己說：「現在我會有一些光了。現在我要見到我的孩子們了。」白天時我不敢鑽孔，怕引起注意，不過我四處摸索，找到了靠街道的那一側，我可以常常在那裡看見孩子們。於是我把錐子插進去，等待夜幕降臨。我鑽了三排小孔，一個接著一個，然後我在中間鑽滿了小洞，就這樣，成功挖出一個長三公分、寬三公分的小洞。我坐在小洞旁邊直到深夜，享受流入的陣陣空氣。早晨，我為我的孩子們守候。我在街上看到的第一個人是老弗林特醫生，我打了寒顫，迷信地認為這是不祥之兆。接著幾張熟悉的臉孔走過，最後，我聽到孩子們歡快的笑聲，沒過多久，兩張可愛的小臉抬頭朝向我，彷彿知道我在這裡，也知道自己給我帶來快樂。我多想**告訴**他們我就在這啊！

我的處境現在變好了一些。但幾個星期以來，我飽受一種紅色小蟲的折磨，牠們像是針尖一樣刺破我的皮膚，造成一種很難受的灼燒感。貼心的外婆給我一些草藥茶和降溫藥，讓我終於擺脫蟲子。我的小屋非常悶熱，因為只有薄薄的木瓦片保護我免受夏天烈日的曝曬。但讓我欣慰的是，我可以通過小孔看到我的孩子們，如果他們離得夠近，我還可以聽見他們談話。南茜阿姨把她在老弗林特醫生家裡聽到一切消息都告訴我。我從她那裡得知，醫生曾經寫信給一個紐約的黑人婦女，她在我家附近出生、成長，而且已經嗅到了醫生那污穢的陰謀。他願意提供酬金換取我的任何資訊。我不清楚她怎麼回答，但醫生很快趕去紐約，跟他家的人說要去處理要事。我偷看到他向汽船走去。準備跟這人相隔水陸數英里，可真令我滿足，哪怕只有一小段時間。而他相信我在自由州，這更讓我痛快。我的小房間似乎沒那麼沉悶了。他回來了，跟上次去紐約一樣一無所獲，沒有任何令他滿意的消息。第二天早晨，醫生經過我們家時班尼站在門口。班尼聽說醫生去找我，於是大聲問：「弗林特醫生，你把我媽媽帶回來了嗎？我想見見她。」醫生生氣地跺腳，叫道：「滾開，他媽的小混蛋！如果不聽話，我把你的頭砍下來！」

班尼驚恐地跑進屋裡，他說：「你再也不能把我關進監獄了。我現在不屬於你了。」幸好微風把這句話從醫生的耳邊吹走了。後來在暗門聊天時，我把此事告訴外婆，請求她別讓孩子對那個暴躁的老人無禮。

秋天來臨，氣候涼爽宜人。我的眼睛已經適應了微光。只要在這個小洞旁邊維持姿勢，我就可以看書或是縫東西。對我單調乏味的生活來說，這是很大的慰藉。但到了冬天，寒氣穿透薄薄的屋頂，把我凍個半死。南方的冬天不像北方那麼漫長、寒冷，所以房屋不會特別禦寒，我的小房間尤其如此。貼心的外婆拿了被褥、熱飲給我。為求舒適，我常常不得不整天躺在床上。雖然我小心翼翼，但肩膀和腳還是凍傷了。啊，那一段漫長而陰暗的日子，我的眼睛沒有目標、我的腦袋沒有思想——除了沉默的記憶與不定的未來。幸好有一天很暖和，我包著被子坐到小洞旁邊，觀察外面的行人。南方人習慣在街上停下來聊天，我聽到很多本來不會知道的事。我聽到奴隸獵人正在計畫逮住某些可憐的逃奴。我好幾次都聽他們說起老弗林特醫生、我與我的孩子（他們可能正在附近玩耍）的傳聞。有人會說：「那是老弗林特的財產，我連動一根手指抓她都不想。」另一個則說：「我會為了賞金去抓**任何一個**黑奴。**不管**一個人殘不殘暴，他就是該擁有屬於自己的東西。」人們常說我在自由州。只有極少數人說我可能還在附近。如果有人懷疑外婆的房子，那這裡早就被夷為平地了。這剛好是他們最猜不到的地方。在蓄奴州裡，沒有一處能是這麼好的藏身之處。

老弗林特醫生與他的家人們一次又一次地設法哄騙、賄賂我的孩子，想聽他們說出我的情報。有一天，醫生帶著他們走進商店，告訴他們如果說出媽媽在哪裡，就可以得到一些小銀飾和漂亮手帕。艾倫從他身邊躲開了，不肯說話，但班尼大聲說：「弗林特醫生，我不知道我媽媽在哪裡。我猜她在紐約。你如果再去那裡，我希望你叫她回家，因為我想見她。可是，你如果要把她關起來，或砍她的頭，那我會叫她趕快回去。」

22 慶祝聖誕節

聖誕節快到了，外婆拿給我一些材料，我開始忙著給孩子做新衣服與小玩具。要不是雇傭日也快到了，許多奴隸家庭都急於面對不久後可能的離別，那麼，聖誕節對這些可憐人而言或許仍是快樂時刻。在這種情況下，奴隸母親也會盡量讓自己的孩子高興。班尼和艾倫的聖誕襪被塞滿了，他們被囚禁的母親無法親眼目睹他們的驚奇和喜悅，不過他們穿新衣上街時，我很高興可以偷看。我聽到班尼問他的小玩伴，聖誕老人有沒有給他禮物。那個男孩說：「有，可是聖誕老人不是真的，是小孩的媽媽把東西放進襪子的。」班尼回答：「不是，不可能。因為聖誕老人給艾倫和我送了新衣服，而我媽媽已經離開很久了。」

我多想告訴他，他那些衣服就是媽媽做的，而且製作的時候有多少眼淚滴在上面。

聖誕節當天，每一個孩子都早早起床去看約翰堪諾斯的表演[8]。沒有他們的話，聖誕節就失去了最大的吸引力。成員通常是種植園奴隸，都是低下階層。有兩個健壯的男子穿著白棉布，被一張網織物罩著，上面有各種鮮豔的條紋。他們把牛的尾巴綁在背上，頭上戴著犄角裝飾。覆蓋著羊皮的盒子叫做岡博盒（gumbo box），有十幾個人在敲打，其他人則敲打三角鐵、動物顎骨，替跳舞的人打拍子。他們一個月前就為了這個場合創作合適的歌曲。這個隊伍多達百人，每天一大早就出動，被准許討錢到中午十二點。只要有機會得到一分錢或是一杯萊姆酒，他們絕對不會放過。但他們在外面時不喝，而是裝到酒壺裡，等著回家痛飲一番。這些聖誕賞金常常有二十、三十美元。很少有白人或白人的孩子拒絕施捨，如果拒絕，那他們會唱這首歌要求打賞：

窮主人，他們這樣說，
穿破衣，他們這樣說，
沒有錢，他們這樣說，
連半毛都沒有，他們這樣說，
上帝保佑你，他們這樣說。

對不管那一種膚色的人來說，聖誕節都是個盛大的日子。奴隸們如果有幸得到幾先令，一定會用來吃一頓。這一天他們捉火雞和豬時不用說：「對不起，先生。」而沒抓到的人也會弄些負鼠、浣熊做成佳餚。外婆家平時養家禽跟豬仔來賣，在每年聖誕節晚餐時，烤一隻火雞和一隻豬是家裡的傳統。

如此狀況下，他們警告我要極度保持安靜，因為外婆邀請了兩位客人。一位是鎮上的治安官，另一位是自由的黑人。那個黑人老是喜歡裝成白人，為了討好白人他什麼都做得出來。外婆邀請他們是有動機的。她會帶他們看遍整間房子。樓下所有房門都會打開，讓他們自由進出，用完晚飯後，他們被邀請上樓觀賞一隻漂亮的、我舅舅剛帶回家的反舌鳥。樓上的所有房門也都敞開，可以隨意往房裡看。我聽到他們在遊廊上談話時，心臟簡直要停止跳動了。我知道那個黑人花了好多個夜晚來追捕我。所有人都知道他身上流的是他奴隸父親的血液。但為了把自己裝成白人，他隨時可以親吻奴隸主的腳。我瞧不他！至於那個治安官，他根本不需要裝成白人。他的職務同樣不入流，但他不會裝腔作勢，這比他的同事們好多了。任何一個白人，只要有辦法賺到足夠錢去買奴隸，都會覺得當治安官不過在自降格調。但職務讓在職的治安官得以行使權力，如果他在晚上九點之後（宵禁時刻）發現有奴隸

8 約翰堪諾斯（Johnkannaus）本是一種非洲傳統的祈福儀式，會有一群服裝鮮豔的舞者。

跑出來，那他可以隨心所欲處以鞭刑。這種特權令人垂涎。當準備送客時，外婆給他們一些美味的布丁，當作給他們妻子的禮物。我從窺視孔看見他們走出大門，很高興看見大門在他們身後關上。就這樣，我在我的小房間裡度過第一個聖誕節。

23 我仍在監獄

又到了春天，我看見小洞外的那一小塊綠地，不禁問自己，還會在此度過多少個夏天與冬天。我渴望吸一大口新鮮空氣，舒展一下僵硬的手腳，找個可以站直的空間，重新感受腳下的土地。我的親戚不斷幫我尋找逃跑的機會，但所有方法都行不通，而且一點都不安全。接著又到了夏天，松節油從我頭上那薄博的屋頂了流下來。

我在漫漫長夜裡，因為缺乏空氣變得輾轉反側，但沒有空間可以讓我翻身。唯一的好處是，因為空氣太悶，連蚊子都不屑進來擾人。我對老弗林特醫生恨之入骨，無論是今生或來世，我希望他來我這裡待一個夏天——我沒辦法想到其他更可怕的懲罰。然而，法律允許**他**出門呼吸新鮮空氣，而我，沒有犯罪，卻被關在這裡。這是避免法律對我施加嚴刑的唯一辦法！我不知道是什麼讓我活了下來。一次又一次，我感覺自己就快死了，但我還是看到了另一個秋天的樹葉在空中飄零，感受到另一個冬天。這裡夏天時，連最可怕的雷雨都還不錯，因為雨水會從屋頂漏進來，我可以把床被捲起來，讓床下的木板降溫。夏末時，暴風雨有時會把我的衣服打溼，空氣變涼之後會讓我不太舒服。如果是中等程度的風雨，我可以把麻絮塞在縫隙中來阻擋漏水。

雖然處境不太舒服，但我還是可以看見外面的東西，這讓我對這可憐的藏身之處心懷感激。有一天，我看到有個奴隸經過家門，她喃喃自語：「那是他的，他想殺就可以殺。」外婆告訴我那個女奴的故事。當時，她的女主人第一次看到她的孩子，而且在那孩子可愛的臉上，看見了一些與丈夫神似的部分。女主人把這個女奴與孩子趕出家門，不准她再回來。這個女奴去找男主人，把事情告訴他。男主人答應會和女主人談談，把事情擺平。第二天，她和孩子被賣給一個喬治亞州的商人。

另一次，我看見有個女人狂奔而過，身後追著兩個男人。她是奴隸，也是女主人孩子的奶媽。因為一些小小的冒犯，女主人就下令脫光她的衣服鞭打她。為了逃避侮辱與折磨，她衝到河邊，跳了進去，以死亡結束她的過錯。

密西西比州的阿爾伯特．布朗參議員[9]不可能不知道許多這種事實，因為這在南方各州屢見不鮮。然而，他卻站在美國國會上宣稱奴隸制是「一種偉大的道德、社會與政治的福祉。恩澤奴隸主，也恩澤奴隸」。

第二個冬天比第一個更加難熬。我的四肢因為沒有活動而麻痺了，寒氣又讓它們抽筋。我腦袋裡一直有個寒冷的痛覺，甚至我的臉跟舌頭都僵硬了，失去說話的能力。這種狀況當然不可能找醫生來。我的弟弟威廉來了，做了一切他能力所及之事。菲利浦舅舅也溫柔地照看我，可憐的外婆爬上爬下，一直問我有沒有好轉。他們在我臉上沖了冷水，讓我恢復知覺。我發覺自己靠在弟弟的懷中，他彎著身子，淚流滿面。後來他告訴我，他以為我要死了，因為我已經昏迷了十六個小時。接著我開始神智不清，變得有可能出賣自己跟親友。他們為了以防萬一，先用藥物麻醉我。我在床上躺了六個星期，身體疲憊，內心難受。拿到治病的醫囑是個問題。威廉最後去找一個湯普森系統的醫生[10]，說他身上有我全部的病情，然後他帶著藥草、植物的根與藥膏回來了。醫生特別叮囑，要在爐火邊烤這些藥膏。但我的小房間怎麼能生火？我們試著把木炭裝在爐子裡，但因為沒有通風口，我差點要被燻死。後來他們把點燃的煤放在平底鍋裡，下面再墊一層磚頭。我很虛弱，又很久沒有享受爐火

9 阿爾伯特・布朗（Albert Brown）是當時密西西比州最受歡迎與最有影響力的人之一，也是擴大奴隸制的堅決擁護者。

10 湯普森系統（Thompsonian）是一種自然療法，在十九世紀廣受美國人歡迎。

的溫暖，這幾塊煤炭竟然讓我哭了。我覺得草藥有功效，但復原十分緩慢。我日復一日躺在那裡，腦海中閃過一些消沉的想法。我試著感謝這個可憐的小房間，甚至愛它，因為它是我拯救孩子們所付出的部分代價。我有時覺得，那一個有憐憫心的天父會因為我受的難而原諒我。但我有時又覺得，上天其實沒有正義或仁慈。我問道，為什麼萬惡的奴隸制存在？為什麼我從青春開始時就受到迫害、冤枉？這些事成了謎，我直到今天都無法解開，我相信死後也是如此。

在我生病期間，外婆因為沉重的負擔、焦慮與操勞給壓垮了。她一直是我這輩子最好的朋友，也是我孩子們的代理母親，我一想到可能失去她就痛苦萬分。啊，我多希望她能早日康復！而我不能親自照顧她，她卻已經照顧我這麼久、這麼溫柔，真是造化弄人啊。

有一天，有一聲孩子的尖叫讓我趕緊爬到小洞前面，我看到兒子鮮血直流。他被一隻平時有用鏈子拴住的惡狗咬傷了。他們找了一位醫生，在縫合傷口時，我聽到呻吟與尖叫。啊，一個做母親的人，聽見這些卻不能到他身邊是多麼大的折磨！

不過童年就像春天，總是晴雨交替。那天天黑前，班尼又充滿活力了，說要殺死那條狗。第二天，那位醫生告訴他那條狗因為咬了其他男孩被射死了，他非常高興。班尼的傷口痊癒了，但很久之後才能走路。

外婆生病的消息傳了出去，很多跟她買過東西的女士們都來探望，給她帶來一些慰問品，問她是否還缺少什麼。有一天晚上，南茜阿姨因為想探望生病的母親，向老弗林特夫人請求准許。女主人回答：「我不覺得妳有必要去，我會忙不過來。」但當她發現鄰居裡面有多女士都如此關心外婆，她不甘在慈善方面落後其他教徒，於是紆尊降貴地匆匆前往，站到外婆床邊。外婆在她的嬰兒時期相當疼愛她，卻得到了如此嚴厲的報復。她看見外婆病的那麼重，似乎很驚訝，還責怪菲利浦舅舅沒有去找弗林特醫生。她立刻親自派人請醫生來，他果然來了。雖然我在藏身處很安全，但他離我那麼近我，還是讓我害怕。他斷定外婆的情況危急，說假如她的主治醫生願意的話，他可以接手照顧。沒人想要他隨時來家裡，也不想給他機會開出長長的帳單。

老弗林特夫人離開時，莎莉告訴她，班尼的腿受傷是因為被狗咬。她回答：「我真開心，我希望狗把他咬死。這對他母親來說是個好消息。**她的**日子終究會到來，那些狗會找到**她**的。」一用完這些基督徒的詞語，她和她丈夫就離開了。讓我開心的是，他們再也沒有過來。

我從菲利浦舅舅那裡得知，外婆度過了危機而且會活下去，我內心的喜悅與感激無法言喻。我現在可以發自內心說：「上帝是仁慈的，我以為自己害死了她，但祂最後消除了我的懸念。」

24 議員候選人

那年夏天快結束時，老弗林特醫生為了找我已經去紐約三次了。有兩位候選人正在競選國會議員，他及時趕回來投票。我孩子的父親桑德斯先生是輝格黨的候選人。老弗林特醫生是輝格黨的死忠支持者，現在卻要想盡辦法讓桑德斯先生落選。醫生邀請了許多人到他家的樹蔭下用餐，提供了許多萊姆酒和白蘭地。如果有哪個可憐人喝到失去理智，開心地公開宣布自己不想投給民主黨，那醫生就會毫不客氣地把他丟在街上。

醫生準備那麼多酒都白費了。桑德斯先生當選。我因為這件事，有了一些不安的想法。他還沒有解放我的孩子們，如果他死了，就必須要寄望於他繼承人的憐憫。那兩個稚嫩的聲音（我常常聽見的）似乎是在懇求我，別讓他們的父親在沒有給他們自由之前就離開。我上一次跟他說話已經是好幾年前。我那一天喬裝成水手與他擦肩而過，之後就沒見過他了。我猜他離開之前會來拜訪，跟外婆說一些關於孩子的事，所以我決定要有所行動。

他動身前往華盛頓的前一天，我做好了準備，要在傍晚前從小房間移身到樓下的儲藏室。我發現自己渾身僵硬、動作笨拙，很難從一個地方走到另一個地方。當我走到儲藏室，我的腳一軟，整個人癱倒在地板上，彷彿四肢再也沒用了。但我預見的目標喚起了全身的力量，我用手和膝蓋爬到窗前，躲在一個桶子後面等著他。鐘敲了九下，我知道汽船會在十點至十一點間離開。我的希望破滅了。但沒過多久，我聽見他的聲音：「等我一下子，我想見見瑪莎阿姨。」當他從外婆家裡出來，經過儲藏室的窗前時，我說：「等一下，我想談談孩子的事。」他愣住、遲疑，然後繼續往前走，出了大門。我關上了半開的窗板，坐倒在桶子後面。我受過很多苦，卻沒有歷經過此刻的痛楚。難道他對孩子們那悲慘的母親，就這樣一點感情都沒有嗎？她為孩子們哀求時，他一點都不想聽嗎？痛苦的回憶在我心底翻騰，我因此忘記關上窗板，直到我聽見有人打開。我抬起頭。他回來了。「誰叫我？」他低聲說。「是我。」我回答。「噢，琳達，我聽出是妳，可是我不敢回答。我怕我的朋友會聽到。妳為什麼來這裡？妳難道冒險回來這間屋子？他們瘋了讓妳這樣做，我寧可聽到妳已經毀了。」我不想讓他知道我的藏身之處，免得連累他。所以我只是說：「我猜你會來和我外婆道別，所以我來這裡，想和你說一些關於解放孩子的事。你去華盛頓的那六個月，可能會發生很多變故，而你或許不該讓他們面對這種風險。我自己什麼都不要，我只求你在走之前讓孩子們自由，或是委託某個朋友去辦。」

他答應了，且表示願意為了買下我而做任何事。

我突然聽見腳步聲，急忙關上窗板。我想偷偷爬回我的小閣樓，不讓家人知道我做了什麼，因為我知道他們會說我太魯莽。但他回到屋內，告訴外婆他在儲藏室的窗口和我談話，並請求她別讓我在儲藏室過夜。他說我在那裡簡直瘋了，我們都會被毀掉的。幸運的是，他太趕時間，根本來不及聽外婆回答，否則這個善良的老婦人一定會全說出來。

我設法回到我的小房間，卻發現上去比下來難。我已經完成了使命，支撐我的那一點力量也因此消失了，我無助地倒在地板上。外婆警覺到我冒著很大的風險，於是摸黑走進儲藏室，順便把門鎖上。她低聲說：「琳達，妳在哪裡？」

「靠窗戶這裡。」我回答：「我**不能**讓他不解放孩子們就走，誰知道會發生什麼事？」

「來吧，來吧，孩子。」她說：「妳一刻都不能待在這，妳錯了，但我不怪妳，可憐的孩子！」我告訴她，沒人幫忙的話我無法回去，必須找舅舅來。菲利浦來了，他同情我而不忍心怪我。他把我抱回小房間，輕輕把我放在床上，給了我一些藥，問還需要什麼。然後他離開了，只剩下我自己胡思亂想——沒有星星，正如我周遭那午夜的漆黑。

朋友們都擔心我會當殘廢一輩子。我對長期監禁已經極度厭倦，要不是為了孩子們，死亡會是解脫。但為了他們，我願意堅持下去。

25 兵不厭詐

老弗林特醫生沒有放棄找我，他不時告訴外婆：我會回來、會自首，然後如果我這樣做，他就會把我賣給我的親戚或者任何願意買我的人。我太懂他狡猾的本性，看穿那是設好的圈套，而所有朋友也都明白。我決定用我的詭計來對抗他的詭計。為了讓他相信我人在紐約，我決定寫一封從紐約寄來的信。我請人把我的朋友彼得找來，問他認不認識可靠的水手，可以把我的信帶到紐約，然後投進那裡的郵局。彼得說他認識一位這樣的人，他甚至願意把性命交給對方，直到世界末日。我提醒他：這件事對那個人非常危險。他說他知道，但他願意為我做任何事。我說我希望拿到一份紐約的報紙，以確定街道的名字。他把手伸進口袋：「給妳半張，昨天我跟小販買帽子，這半張是用來包帽子的。」我說隔天我就會寫好信。他向我道別時說：「打起精神，琳達，好日子就快來了。」

菲利浦舅舅一直在大門口把風，直到我們短暫的會面結束。第二天早晨，我坐在小洞旁邊研究報紙。那是《紐約先驅報》，這一份報紙平時有組織地殘害黑人，這次居然為黑人所用。找到需要的街道和號碼後，我寫了兩封信，一封給外婆，另一封給老弗林特醫生。我提醒老弗林特醫生，他這個白髮蒼蒼的老人曾經如何對待那個任他擺布的無助女孩，在他的權威之下，她度過了多少悲慘歲月。在給外婆的信中，我希望把孩子們送到北方，我可以教他們建立自尊，給他們好榜樣——在南方不允許奴隸母親這麼做。我請她把回信直接寄到波士頓的某一條街，因為我不住在紐約，只是偶爾去那裡。由於信封需要數天才能到達紐約，我提早算好了信上的日期，並交給信差一份日期備忘錄。當朋友來取信時，我說：「彼得，願上帝保佑你，感謝你無私的仁慈。注意安全。如果你事跡敗露，你和我都會有大麻煩。我沒有一個親戚敢幫我完成這件事。」他回答：「琳達，要相信我。我不會忘了妳父親是我最好的朋友。只要上帝讓我活著，我都會是他孩子的朋友。」

我必須告訴外婆我做了什麼，讓她準備好收到信，也聽聽老弗林特醫生看到我在北方會說什麼。她很苦惱，覺得這樣一定會惹出麻煩。我也把我的計畫告訴了南茜阿姨，讓她跟我們報告弗林特醫生家裡的狀況。我透過縫隙小聲告訴她計畫，她也小聲回答：「我希望這會成功。只要妳和孩子們自由，我願意一**輩子**當奴隸。」

我指示他們在當月的二十日把信投進紐約的郵局。二十四日晚上，阿姨來告訴我老弗林特醫生和夫人在小聲討論他收到的一封信，而且他進辦公室時，說用茶時會把信帶著。我因此推斷，隔天早上我就會聽見他們唸出我的信。我告訴外婆他一定會來，請她讓醫生坐在靠門的位置，門要保持敞開，讓我聽聽他說什麼。第二天早上，我待在聽得清楚的位置，像個雕像般一動也不動。不久後，我聽見大門關上的聲音，熟悉的腳步聲走進屋子。他坐在準備好的椅子上，說道：「嗯，瑪莎，我是來給妳送一封琳達的信。她也給我寄了一封。我完全知道要去哪裡找她了，但我不想去波士頓找她，我寧願她自己回來，這樣比較體面。她的舅舅菲利浦是最佳人選。她跟**他**在一起，會感覺完全自由。我願意付往返的交通費。她會被賣給她的朋友，她的孩子會自由——至少我這樣覺得。等妳讓她自由，妳們一家會很幸福的。瑪莎，我想妳不會反對我把琳達寫給妳的信讀給妳聽吧？」

他拆開了信，我聽見他讀信。這個老惡人！他沒有唸出我給外婆的信，而是準備了杜撰的另一封，大意是這樣的：

親愛的外婆：

我早就想寫信給妳了，但我離開妳與孩子們的方式太不光彩，我沒臉這樣做。如果妳知道我逃跑之後受到多大的苦，妳一定會同情我、原諒我。我用非常高的代價換取了自由。如果有辦法讓我回去南方而且不做奴隸，我很樂意回去。如果不行，我請妳把我的孩子送到北方。沒有他們我活不下去。請及時告訴我，我會到紐約或費城接他們，哪裡都可以，只要舅舅方便。請快點回信給妳不幸的女兒。

琳達

「她寫的，和我想的差不多。」那個偽君子說完起身要走，又說：「妳看這個傻姑娘，已經後悔自己的魯莽，想回來了。我們必須幫她，瑪莎。去跟菲利浦談談，如果他去接琳達，琳達會相信他，跟著他回來。我希望明天得到答覆。早安，瑪莎。」

他到遊廊的時候，不小心撞到我女兒：「啊，艾倫，是妳嗎？我沒看見妳，妳還好嗎？」他非常親切地說。

「我很好，先生。我聽到你告訴我曾外婆我媽媽要回家了，我想見她。」艾倫說。

「是的，艾倫，我很快就會把她帶回家，」他說：「妳想見多久都可以，妳這捲髮小黑鬼。」

這對我來說無異於一齣喜劇，因為我早就知道了。外婆卻很擔心害怕，因為醫生要我舅舅去北方接我。

隔天晚上，老弗林特醫生過來談這件事。我舅舅告訴他，根據他所聽到關於麻塞諸塞州的傳聞，他如果去那裡追捕逃奴，一定會遭到眾人圍攻。「那都是胡扯，菲利浦！」醫生回答：「你以為我想請你去波士頓鬧事嗎？這一切都可以安靜地完成。琳達寫信說想回來，你是她的親人，她相信**你**。如果我去了，事情就不一樣了。她或許會拒絕跟**我**一起回來。那些該死的廢奴主義者，如果他們知道我是她的主人，就算我說琳達自己請求回來，他們也不會相信我，還會聯合起來。我不想看到琳達像個普通黑人一樣被拖在街上走。她對我的善意總是忘恩負義。不過我原諒她，也想用朋友的方式對她。我不想再讓她做我的奴隸。她一回來這裡，她的朋友就可以買下她。」

醫生發現無法說服我舅舅，結果說溜了嘴，說他已經寫信給波士頓市長，要他確認我信中那一條街上的門牌，有沒有一個符合我樣貌的人。他在他讀給外婆的信中沒提到日期。如果郵戳是紐約，這老人可能會去紐約一次。我們奴隸雖然在這暗無天日的蓄奴州，被主人小心隔絕在知識之外，但我還是聽了很多麻塞諸塞州的傳聞，因此可以做出結論：奴隸主認為去那裡尋找逃奴並不簡單。那時候《逃奴追緝法》還沒通過，麻塞諸塞州還沒同意成為南方州的「黑奴獵人」。

外婆看到家人無法逃離危險而變得神經緊繃。她表情悲哀地來找我，說：「如果波士頓市長說妳不在那裡怎麼辦？這樣的話，醫生會懷疑這封信是圈套，然後他可能會找到線索，我們都會有麻煩的。噢，琳達，我希望妳沒寫過那些信。」

「別擔心，外婆，」我說：「波士頓市長不會為了老弗林特醫生去追捕逃奴。這些信最後會有用的。我總有一天會離開這個黑洞。」

這個善良又堅忍的老婦人說：「我期待妳離開，孩子。妳待在這裡太久，都快五年了。但妳無論什麼時候走，妳這老外婆一定都會傷透心。我一定每天都會擔心聽見妳被抓回來，戴著鐐銬進監獄。上帝保佑妳，可憐的孩子！總有一天我們會去到一個沒有惡人的地方，疲憊的人得以安息，感謝上帝！」我在心中應和，阿門。

因為老弗林特醫生寫信給波士頓市長，所以我相信他以為我真的寫了信，而他自然不會懷疑我在附近。保持這種錯覺是個重要目標，可以讓我與親友不那麼焦慮，而且也方便找機會逃跑。因此，我決定偶爾從北方寄一些信回來。

過了兩、三個星期，我們都沒有聽見波士頓市長的消息。外婆終於答應我的請求，讓我偶爾離開房間，鍛鍊一下四肢，免得變成殘廢。她允許我在清晨溜進那間小儲藏室，在那裡待一會兒。儲藏室裡放滿了木桶，除了在我房間暗門下面的空間。這裡正對著大門，門的上半部分是玻璃，故意沒裝上窗簾，好奇的人或許可以看看裡頭。儲藏室的空氣很悶熱，但比小房間裡好多了，我真害怕回去。天一亮我就下來，一直待到八點鐘。那時附近開始有人，可能會去遊廊那裡。我試過各種方法熱開手腳，卻都無濟於事——四肢已經如此麻痺與僵硬，以至於移動時很痛苦。假如在我開始晨間鍛鍊時，我的死敵過來這間狹窄、無人的儲藏室找人，我根本不可能逃得掉。

26 弟弟的新人生

我弟弟威廉跟著主人桑德斯先生去華盛頓了，我懷念他的陪伴與體貼。我們收到他的幾封信，雖然信中並沒有提到我，但我能從字裡行間感覺到他沒有忘記我。我改變字跡，用同樣的方式回了信。那次議會的會期很長，結束之後，威廉寫信告訴我們，桑德斯先生要去北方一段時間，而他也會陪同前往。我知道他主人答應過給他自由，但不確定時間。威廉要相信奴隸的希望嗎？我記得我們很小的時候，常常一起討論要如何拿回自由。我猜他可能不會回到我們身邊了。

外婆收到桑德斯先生的一封信，信上說威廉證明自己是最忠實的奴僕，也是一位珍貴的朋友，沒有哪個母親能教出比他更好的孩子。他說一路去了北方各州與加拿大，有些廢奴主義者試著引誘他逃跑，卻都沒有成功。他最後說，他們就快到家了。

我們都很期待看到威廉的信，告訴我們旅途上的新鮮事，但一封也沒收到。終於，我們聽說桑德斯先生會在秋末帶著一個新娘回來，卻還是沒收到威廉的信。我幾乎能確定，我在南方的土地上再也不會見到威廉了，但難道他就不能寫封信安撫他家裡的親友嗎？也給他那困在監牢的姐姐？思緒在黑暗的過去中漫遊，我迷失在未來的不確定之中。我獨自待在小房間，只有上帝能看見。我流下苦澀的淚水，多麼熱切懇求上帝，讓我回到孩子身邊，讓我成為一個有用的女人、一個稱職的母親。

那些旅行者終於歸來了。為了迎接離家的孩子，外婆做了精心的準備。餐桌擺好了，也空著威廉常坐的老地方。驛站馬車從門前經過，裡面空無一人。外婆等著他吃飯。她想，一定是被他的主人耽擱了。我在小小的牢籠裡焦急地聽著，時時刻刻都希望能聽見我親愛的弟弟的說話與腳步聲。那天下午，桑德斯先生派了一個男孩過來，告訴外婆威廉沒有一起回來，廢奴主義者慫恿他逃走了。但他請外婆別為此苦惱，因為他相信她幾天後就會看到威廉。威廉只要有時間思考就會回來，因為他在北方的日子絕對不會比在主人旁邊好。

如果你看見這般眼淚、這般啜泣，一定會以為那男孩是來報喪的，而不是說威廉自由了。可憐的外婆再也見不到她心愛的孩子了。我卻很自私，我想著自己失去的東西，而不是弟弟得到的東西。

我有一種新的焦慮。桑德斯先生為了買威廉花了一大筆錢，理應會對這種損失生氣。我很擔心這會損害孩子們的未來，他們現在已經是值錢的財產。我希望他們確定被解放。現在更是如此，因為他們的主人兼父親結婚了。我太了解奴隸制度了，我知道奴隸主給奴隸的承諾，雖然當下是出於善意，有時也很真誠，但能否兌現卻取決於很多意外事件。

我也很希望威廉得到自由，但他用的方法使我憂愁又焦慮。這一次的安息日風和日麗，如此迷人，就像永恆世界裡的安息日。外婆把孩子帶到遊廊上，這樣我就能聽見他們的聲音。她覺得這樣可以讓我不那麼消沉，確實如此。他們開心地聊天，只有孩童才可以這樣。班尼說：「曾外婆，妳說威廉舅舅已經永遠離開了嗎？他不會再來了嗎？他可能會找到媽媽，如果找到了，媽媽**會很高興**看到他的！妳、菲利浦舅舅，還有我們大家為什麼不去和媽媽住一起？我喜歡那樣，妳不想嗎，艾倫？」

「想，我當然想，」艾倫回答：「可是我們要怎麼才能找到她？你知道在哪裡嗎，曾外婆？我不記得媽媽長什麼樣子了——你呢，班尼？」

班尼正要描述我的樣子，就被一個住在附近、名叫阿姬的老婦人打斷了。這個可憐人曾經眼睜睜看著自己的孩子被賣掉、帶到未知的地方，而且再也沒聽過孩子的消息。她看見外婆哭了，於是同情地說：「還好嗎，瑪莎阿姨？」

「噢，阿姬，」外婆說：「似乎我不應該讓我的子孫離開我，不然在我快死的時候他們還可以給我端茶倒水，把我這老骨頭埋到土裡。我的孩子沒有和桑德斯先生一起回來。他留在北方了。」

老阿姬高興得拍起手來。「妳哭**只是**為了這個？」她嚷道：「快跪下感謝上帝吧！我不知道我可憐的孩子去哪了，而且永遠也不可能知道。妳不知道可憐的琳達去哪了，但妳**知道**她弟弟去哪，他在自由州，那裡是好地方。不要再抱怨了。趕緊下跪，感謝上帝的良善吧！」

可憐的阿姬，她這番話直指了我的自私。她為了一個逃離的奴隸同胞而高興，但那人的姐姐卻只想到那種好運會給自己的孩子帶來不幸。我跪了下來，請求上帝寬恕。然後我由衷感激，因為我有一個親人已經免於奴役了。

不久之後，我們收到了威廉的信。他寫道，桑德斯先生一直都對他很好，他也盡可能忠實地履行職責。但他從小就渴望自由，而經歷過許多事之後，他相信機會稍縱即逝。他最後寫道：「別擔心我，親愛的外婆。我會永遠想著妳，這會讓我努力工作，做正確的事。當我賺得夠多，會給妳買間房子，妳或許可以來北方，我們會幸福地生活在一起。」

桑德斯先生把威廉離開的細節告訴菲利浦舅舅，他說：「我信任他，當他是親兄弟一樣，對他非常好。廢奴主義者跟他說過幾次話，但我想不到他們會蠱惑他。不過，我不怪威廉，他年輕又欠缺思慮，是那些北方的無賴欺騙他。我必須說這個淘氣鬼很大膽。我看見他肩上扛著皮箱走下阿斯特酒店的階梯，我問他要去哪裡，他說他要去換掉他的舊皮箱。我說，那箱子確實很舊了，還問他需不需要錢。他說不用，向我道謝，然後就走了。我以為他會回來得很快，但他沒有。我耐心等待。最後我去檢查我們的行李箱是否收好、可以啟程了，我發現箱子都鎖起來。桌上有一張封著的便條，告訴我行李箱鑰匙放在哪。這傢伙甚至還很虔誠。他寫說，希望上帝永遠保佑我，回報我的仁慈。他不是不願替我服務，而是更想成為自由人。假如我認為他錯了，他希望我能原諒他。我原本打算五年後給他自由。他可能相信過我。他表現得忘恩負義，但我不去找他，也不派人找他，我相信他很快會回來我這。」

我後來聽威廉本人說當時的情況。他並不是被廢奴主義者迷惑。他不需要廢奴主義者給他的訊息，才能激發對於自由的渴望。他看著自己的雙手，想起這雙手曾經戴著鐵銬，他要如何確保雙手不會再被銬上？桑德斯先生對他很好，但他或許會無限期地推遲給他自由的承諾。桑德斯先生或許會有經濟困境，名下財產或許會被債主扣押；桑德斯先生也可能會死，卻來不及做出對他有利的安排。威廉看過很多奴隸遇到這種情況，而他們的主人也都很善良，因此他明智地決定要抓住眼前的機會，讓它屬於自己。他絲毫不願偷拿主人的錢，所以把最好的衣服賣掉來換取去波士頓的盤纏。奴隸主說他是一個卑鄙、過河拆橋的壞蛋，因為他這樣回報主人的寬容。但在類似的狀況下，**他們**自己又會怎麼做呢？

弗林特一家聽說威廉逃跑之後，笑得合不攏嘴。老弗林特夫人用她習慣的方式表達了她的教徒情懷，她說：「我很滿意。我希望他永遠找不到威廉。我喜歡看見人們自食其果，我猜測，琳達的孩子們會為此付出代價。我很樂意看見他們又回到奴隸販子的手上，因為我不想看到這兩個小黑鬼在街上亂跑。」

27 孩子們的新歸宿

老弗林特夫人揚言要告訴桑德斯夫人我孩子們的父親是誰，以及我是一個狡猾的魔鬼，給她的家庭製造了多少麻煩。桑德斯先生在北方時，她相信我暗中跟蹤，並且說服威廉逃跑。她有理由這樣想，因為我不時在北方寄信，而且來自不同的地方。正如我的猜測，很多信都落入老弗林特醫生的手中，他一定會得出結論，相信我到處遊走。他一直密切監視著我兩個孩子，認為我最終會因為他們而現身。

一場意想不到的新考驗正等著我。有一天，桑德斯先生與他妻子在街上走著，遇見了班尼。那位女士喜歡他，說道：「好可愛的小黑奴！是誰家的？」

班尼沒有聽到桑德斯先生怎麼回答，但他回到家時很生氣，因為這個陌生的女人叫他黑奴。幾天後，桑德斯先生拜訪外婆，想請她帶著兩個孩子去他家。他說，他已經把跟孩子的關係告訴妻子了，並且說他們是沒有母親的孤兒。桑德斯夫人想看看孩子。

他離開之後，外婆來問我怎麼辦。這個問題真諷刺。我能怎麼辦？他們兩個都是桑德斯先生的奴隸，他們的母親也是奴隸，在他眼中我跟死了差不多。他可能還以為我真的死了。我太痛苦、太疑惑，以至於無法做出決定。孩子在我不知道的情況下被帶走了。桑德斯夫人有個妹妹從伊利諾州來陪她。那位女士沒生孩子，非常喜歡艾倫，希望把艾倫當作女兒撫養。桑德斯夫人則想帶走班尼。外婆把這些事告訴我的時候，我簡直無法承受。我為了孩子們的自由而遭受了痛苦，難道這就是我能得到的一切嗎？沒錯，孩子的前途**看似**還不錯，但我非常清楚奴隸主口中的「親緣關係」多麼不堪一擊。如果經濟困頓，或者新婚妻子不願節省，又需要更多錢的時候，我的孩子就會被當成籌資的方便手段。噢，奴隸制度，我不相信你！除非孩子們透過法律程序獲得解放，否則我永遠都不得安寧。

我自尊心很強，不會去求桑德斯先生為我自己做事，但為了孩子我可以這麼做。我決定提醒他，他曾經對我許下諾言，而且我完全相信他會以榮譽為代價去履行。我說服外婆，請她去找他，告訴他我沒死，而且誠摯地懇求他遵守承諾。還有，我最近聽說關於我兩個孩子的事，非常難以接受。他答應過要解放他們，是時候兌現諾言了。我知道這樣會有風險，透露我可能藏身在附近。但一個母親願意為自己的孩子做任何事。他聽完之後很驚訝，他說：「孩子是自由的。我從來沒想過把他們當奴隸。琳達可以決定他們的命運。我看還是把他們送去北方比較好。我覺得他們在這裡不太安全。老弗林特醫生誇口說孩子還在他手上。他說是他女兒的財產，因為賣掉的時候女兒還沒成年，所以不具法律約束力。」

這樣說來，我承受了這一切之後，那兩個可憐的孩子仍然夾在兩堆火之間——我的老主人和他們的新主人！我卻無能為力，也沒有法律上的保護。桑德斯先生建議，艾倫應該去他的幾個親戚家暫住，他們已經搬去紐約長島的布魯克林區。他保證艾倫會得到很好的照顧，也會送她上學。我同意了，這是我能為她做的最好安排了。當然，一切都是通過外婆協調的，桑德斯夫人不知道有其他人參與安排。她提議要帶著艾倫去華盛頓，把她帶在他們身邊，直到有機會再把她送到布魯克林，可以找朋友一起。她現在有個襁褓中的女嬰，我瞥見奶媽抱著那孩子經過。一想到那女奴自己的孩子長大後要去伺候生來自由的妹妹，我心裡就不高興，但別無選擇。

艾倫已經準備出發了。噢，我真難過，要把她送走了，年幼的她到了那裡一切陌生！沒有母親的愛替她遮風擋雨，她甚至不記得母親的樣子！我懷疑艾倫和班尼是否有孩子對父母那種天生的愛。我想到或許再也見不到女兒了，非常希望她在走之前能來看看我，或許就會記住我的樣子。我認為把她帶到我的小牢籠裡，似乎太過殘忍。對她幼小的心靈來說，看清媽媽是奴隸制度下的犧牲品，就已經夠悲哀的，更何況要讓她看見媽媽被強逼進去的小牢籠。我苦苦哀求，希望能讓我在一個普通的房間裡和女兒度過最後一夜。他們認為我瘋了，居然會把這麼危險的祕密交給一個幼童。我說我觀察過她的性格，我確定她不會出賣我，因此決定和她見一面，如果他們不願意幫我，我會自己想辦法。他們反對這種魯莽行動，卻發現無法改變我，於是妥協了。我偷偷從暗門溜進儲藏室，我在遊廊時菲利浦舅舅守著大門，然後我上樓來到我以前住的房間。我已經有五年多沒有來過這間房了，回憶在我心頭湧出。這是女主人把我趕出她家時，我安身的地方。這是我那殘暴的老主人嘲笑、侮辱與詛咒我的地方。這是我第一次把孩子們抱在懷裡的地方。這是我注視著他們的地方，我的眼神懷有一種日漸深厚、悲傷的愛。這是我痛苦地跪拜上帝的地方，請求錯誤得到寬恕。一切都歷歷在目！在這一段漫長而黑暗的時間裡，我像個廢人似地站在這裡。

我浸在沉思之中，突然聽見階梯上的腳步聲。門開了，菲利浦舅舅牽著艾倫的手走了進來。我用手臂抱著她說：「艾倫，我最親愛的孩子，我是妳的媽媽。」她後退了一小步，看著我，然後，她帶著甜甜的信任把臉貼在我的臉上，我把她緊緊擁進我長久以來孤寂的胸口。她先說話。她抬起頭問道：「妳真的是我媽媽嗎？」我告訴她我真的是，在她沒看到我的這一大段時間裡，我一直深深愛著她，現在她要離開了，我想見她，和她說說話，好讓她記得我。她哽咽著說：「我很高興妳來看我，可是妳為什麼以前不來呢？班尼和我一直都很想看妳！他記得妳，有時候也會跟我說到妳。弗林特醫生去找妳的時候，妳為什麼不回家？」

我說：「我以前沒辦法來，親愛的，但是現在我和妳在一起了。告訴我，妳想離開這裡嗎。」她哭著說：「不知道。曾外婆說我不應該哭，我要去一個好地方，我可以在那裡讀書寫字，然後慢慢地，我就可以寫信給她了。但是班尼、曾外婆、菲利浦，還有其他愛我的人都不能陪我。妳不能陪我去嗎？噢，**去嘛**，親愛的媽媽！」

我告訴她我現在不能去，但有一天我會去找她，到時候班尼、她還有我會一起生活，過著幸福的日子。她想馬上帶班尼來看我，我告訴她，班尼不久也會和菲利浦一起去北方，我會在他走之前去看他。我問她，是否願意讓我陪她睡一個晚上。「噢，好。」她回答。然後回頭看著菲利浦，央求道：「我可以留下嗎？求求你，她是我的媽媽。」他摸著她的頭，嚴肅地說：「艾倫，這就是妳答應過曾外婆永遠都不說的祕密。如果妳告訴任何人，他們就不會讓妳在看到妳的曾外婆了，妳媽媽也永遠不能去布魯克林。」她說：「我永遠不會說。」菲利浦說她可以和我待在一起。他走之後，我把女兒抱在懷裡，告訴她我是奴隸，這就是為什麼她永遠不能說她見過我。我教她做個好孩子，要想辦法討新家的人喜歡，上帝會賜給她朋友。我讓她禱告，也要記得為可憐的媽媽祈禱，這樣上帝會讓我們再相見。她哭了，我沒有阻止她流下眼淚。或許她再也沒有機會在母親胸口流淚了。她整夜都安睡在我的臂彎裡，我根本毫無睡意。這些時刻太珍貴了，我一刻都不捨得失去。然後我以為她睡著了，於是輕輕吻了她的額頭，她說：「親愛的媽媽，我還沒睡。」

天亮之前，他們把我帶回我的小房間。我把窗簾拉向一邊，看看我孩子最後一眼。月光照在她臉上，我俯身看著她，就像幾年前我逃跑的那個悲慘夜晚。我把她緊緊抱在我跳動的胸口。親我最後一下時，她那小小的眼睛湧出悲傷的淚水，順著臉頰往下流，她在我耳邊輕聲說：「媽媽，我永遠都不會說。」而她真的沒說。

我回到自己的房間，往床上一倒，獨自在黑暗中哭泣。我的心似乎要炸開了，到了艾倫離開的時間，我聽到鄰居和朋友們向她道別：「再見，艾倫，我希望妳媽媽會找到妳。妳見到她會有多高興！」她回答：「是的，女士。」他們不可能會猜到那沉重的祕密壓著她的幼小心靈。她是個情感豐富的孩子，但性格內向，只對她愛的人比較放心。我覺得我的祕密在她那裡很安全。我聽到大門在她身後關上，這種感覺只有奴隸母親才能體會。我一整天都在想這個傷心事。有時我覺得是自己太自私，不放棄對她的權利，沒有讓她去伊利諾州被桑德斯夫人的妹妹收養。但我的經歷讓我決定反對奴隸制度。我擔心有個萬一會把她送回來。我深深相信應該親自到紐約，這樣就能看著她，在某種程度上保護她。

艾倫離開之後，弗林特一家才知道這些安排，因此很不高興。老弗林特夫人找上桑德斯夫人的妹妹詢問此事。她非常大方地發表意見，肯定桑德斯先生在承認這兩個「小黑鬼」的事情上對妻子、與他自己的尊重。至於把艾倫送走這回事，她說這是在偷竊，像是她家客廳拿走一件傢俱一樣。她說，她女兒當時還沒到能簽約的年紀，而那兩個小奴隸是她女兒的財產。她女兒成年、結婚時就能把他們帶走，只要她能找到他們。

我當初是被遺贈給艾米麗．弗林特小姐，她當時還是小女孩，現在已經十六歲了。她母親認為對她或她未來的丈夫來說，偷走我的孩子不是體面、正當的行為，而且她無法理解像桑德斯先生那樣買下自己孩子，要如何能在上流社會抬頭做人。老弗林特醫生沒說什麼，他或許認為只要保持沉默，班尼就不太可能被送走。我有一封信落在他手上，郵戳是在加拿大。現在他很少提到我了。這樣我可以更常溜進儲藏室，站直身子、自由活動我的四肢。

幾天、幾個星期，幾個月過去了，沒有艾倫的任何消息。我用外婆的名義往布魯克林寄了一封信，詢問艾倫是否已經到那裡。對方說沒有。我又寫信去華盛頓找她，但仍然杳無音訊。在那裡的其中一個人，他至少該同情孩子親友的焦慮，但從前他與我之間的這種關係非常脆弱，像是垃圾一樣。不過，有一次他對我這個可憐女奴說了一番話，聽起來多可靠，多有說服力啊！我曾經多麼信任他！但現在，太多可疑的事讓我的腦袋變得模糊。是我的孩子死了，還是他們欺騙我，把她賣了？

假如把國會議員的祕密回憶錄公開出版，那麼會揭露許多稀奇古怪的事情。我看過一位議員寫給奴隸的一封信，那個奴隸跟他生了六個孩子。他寫信叫她在他回去之前把六個孩子都送出家裡，因為他的朋友預計會來拜訪。這個女人並不識字，只好找人讀信給她聽。而那個議員平時不會不喜歡黑人小孩，他只是擔心朋友會發現孩子跟他長得很像。

六個月之後，外婆收到一封布魯克林寄來的信，說艾倫剛到那裡，是他們家一個年輕的小姐寫的。信裡有艾倫寫給我的一段話：「我盡力遵循妳的教導，每天早晚都為妳祈禱。」我明白這些是寫給我的，這是我內心的香脂。寫信者最後寫道：「艾倫是個懂事的女孩，她過來我們很高興。我的表兄，桑德斯先生把她送給我當小侍女，我會送她去學校，希望有天她會自己給你們寫信。」這讓我困惑不安。難道這孩子的父親只是把她放在那裡，直到她能夠長大自立？還是他把她當成財產送給了他的表妹？如果是後者，他的表妹或許隨時會回到南方，把艾倫當作奴隸。我們竟然這樣被騙了──我設法拋開這個痛苦的想法。我對自己說：「人**總有**正義的一面。」然後我嘆了一口氣，想起了奴隸制度是如何扭曲了人類內在的自然情感。我看著無憂無慮的兒子，一陣心痛隨之而來。他覺得自己是自由的，我無法接受他銬上了奴隸制度的枷鎖。我多想把他送到奴隸制度魔爪到不了的地方。

28 南茜阿姨

我前面提到了我親愛的阿姨，她是老弗林特醫生家的奴隸。在我遭受可恥的迫害之時，她一直保護著我。阿姨二十歲時就結婚了，這是奴隸**可以**結婚的年齡。她得到男主人與女主人的同意，由一位牧師主持儀式。但這不過是個形式，不具任何法律效力。她的男主人與女主人可以隨意取消。她總是睡在弗林特夫人臥室門口的地板上，以便隨叫隨到。她結婚之後，被允許使用屋子外的一間小房間。姨丈與外婆把房間布置了一番。姨丈是個水手，沒出海的時候可以睡在那裡。不過在新婚之夜，新娘還是被叫去睡在原來的地板上。

那時候，老弗林特夫人還沒生下孩子，但已經懷孕了，如果她晚上想喝水，沒有奴隸服侍她該怎麼辦？所以阿姨不得不躺在門口的地板上，直到某一天半夜被叫起來，替夫人接生早產的孩子。兩個星期之後，因為夫人的嬰兒需要照顧，她又被安排睡到門口的地板上。這段期間，她一直是孩子的夜間看護，這樣整天都在忙，晚上也沒辦法休息，終於把身體搞垮

了。老弗林特醫生說她只可能產下死嬰。他們擔心失去她，害怕這個寶貴的僕人死掉，所以允許她睡在外面的小屋裡，除非家裡有人生病。後來，阿姨生了兩個體弱的孩子，一個只活了幾天，另一個活了一個月。我清楚記得她抱著最後死掉的嬰兒時，那種寬容的悲傷：「我希望他還活著。我所有孩子都活不了，是上帝的旨意。但我要努力準備好，到天堂和他們的小靈魂相見。」

南茜阿姨在老弗林特家中是**管家**也是女傭。她實際上總管家務，沒有她，一切都亂了套。她和我母親是雙胞胎姐妹，只要她有辦法，都會為我跟弟弟這兩個孤兒當起母親的角色。我住在老弗林特醫生家的時候一直與她睡在一起，關係非常緊密。朋友們勸我不要逃跑，而她總是給我鼓勵。朋友們認為不可能逃離，所以勸我回去向主人請罪時，她告訴我永遠不要屈服。她說，如果我堅持下去，我也許可以讓我的孩子們自由。就算這樣做會死，但總好過讓孩子們在迫害下叫喊——我人生已經被那些迫害給毀了。打從我被關在這個黑暗的牢房之後，她時常找機會偷溜出來，傳給我新消息，說些令人振奮的話。我多少次跪在縫隙旁邊聽她說安慰的話語。她常說：「我老了，活不久了。如果能看到妳和孩子自由，我就可以幸福地死了。琳達，妳要向上帝禱告，琳達，就像我為妳禱告那樣，祂會帶妳走出黑暗。」我請她別擔心我，所有的苦難遲早會結束。無論我戴著枷鎖還是獲得自由，都會永遠記住她。她是我生命中的好友，給我許多安慰。她說的話總是給我力量，而且不只是我，全家人都相信她的判斷，聽她的建議。我在這個小牢房待了六年之後，有一天，外婆被叫到她唯一在世的女兒身邊。南茜阿姨病得很嚴重，他們說她快死了。外婆已經七年沒去過老弗林特家了。他們曾經對外婆很壞，但外婆現在沒辦法想這麼多。她獲准守在臨終的女兒身邊，對此心存感激。母女倆感情非常好，現在她們坐著四目相對，渴望說出壓在彼此心中的祕密。阿姨癱瘓了。她只多活了兩天，最後一天無法說話。在她失去說話能力之前，她告訴外婆，如果她沒辦法說話，請別難過——她會抓住外婆的手，讓外婆知道她安好。看到這垂死的女人嘗試對跪在旁邊的老母親微笑時，甚至鐵石心腸的老醫生都有些動容。他眼眶泛淚了一陣子，說阿姨一直很忠誠，沒人能取代她的地位。老弗林特夫人的情緒太受刺激，被人帶回了房間休息。外婆獨自坐在死去的女兒身邊，醫生這時帶著他最小的兒子走進來。南茜阿姨非常寵愛這個小孩，他也非常喜歡她。「瑪莎，」老醫生說：「南茜很喜歡這孩子，看在南茜的份上，他以後去妳那裡時，希望你們好好待他。」外婆回答：「你的妻子是我帶大的，弗林特醫生，她是我可憐的南茜的義姐妹。你如果以為我不會善待她的孩子，那你就太不瞭解我了。」

「我想忘了過去，讓我們永遠不去想以前的事。」他說：「琳達會回來接替她阿姨。對我們來說，她比別人出的價更有價值。我希望她回來，這也是為了妳，瑪莎。現在南茜離開妳，琳達會是妳晚年的一大慰藉。」他知道自己用感情當訴求。外婆悲痛欲絕地說：「不是我把琳達趕走的。我的孫子全都走了，我九個孩子只剩下一個。上帝救救我吧！」

對我來說，至親去世的傷痛難以言喻。我知道南茜是慢慢被殺害的。我覺得我的困境是幫兇。聽說她生病之後，我不斷傾聽那間大房子傳來的所有消息。我一想到沒辦法去探望她就非常難過。最後，菲利浦舅舅回來了，我聽到有人問：「她怎樣了？」他回答：「死了」我的小房間頓時天旋地轉，然後我失去意識，等睜開眼睛時，看到菲利浦正俯身看著我。我沒有問問題的必要。他低聲說：「琳達，她死時很開心。」我哭不出來，我的凝視讓他不安。「別**這樣**看我，別再給我的老母親添麻煩。要知道她承受了多少，我們應該盡力安慰她。」啊，沒錯，上帝保護她，她已經七十三歲，經受了多少奴隸母親一生的狂風暴雨。她確實需要安慰！

老弗林特夫人讓她的義姐妹生不出孩子，卻沒有一絲內疚。多年來無止境、無回報的勞動，加上從沒辦法好好休息，這般無情的自私摧殘了南茜阿姨的健康。不過，夫人現在卻多愁善感。我猜想，她相信把那精疲力盡的老僕人的屍體埋在自己腳下，會成為奴隸主與奴隸之間情感的美談。她派人找來牧師，問他把南茜阿姨葬在醫生家族的墓地是否妥當。黑人從來都不准葬在白人的墓園，那位牧師知道我們家的人都葬在奴隸的舊墓園，因此回答：「我對妳的意願並無異議，但或許南茜的**母親**可以選擇安葬她的地方。」

老弗林特夫人沒想過奴隸也會有感情。她詢問外婆的意見時，外婆說希望南茜和家人葬在一起，而她自己的老骨頭也會葬在那裡。夫人欣然答應，但她說南茜離**她**太遠讓她很難過。或許，她還可以略帶感傷地補充一句：「我早就**習慣**南茜睡在我附近，睡在門口的地板上。」

菲利浦舅舅請求自費處理他妹妹的後事，奴隸主總是很樂意施予這種恩典。喪禮很簡單，但很體面。她在安息日下葬，由夫人找來的牧師主持。有非常多黑人來參加，有奴隸也有自由人，還有少數對我們家很友善的白人。老弗林特醫生的馬車也在出殯隊伍中。當遺體被安放到那簡陋的安息之地時，夫人掉了一滴眼淚，然後回到馬車裡——她可能覺得自己已經高尚地履行職責。

奴隸們都認為這是場極為盛大的葬禮。如果北方的旅行者碰巧經過此地，或許會把眾人對這位死者的尊重，看作是這種「宗法制度」的美好特徵，或是主從之間的動人關係。心地善良的弗林特夫人用手帕擦眼淚——這加深了他們的印象。但**我們**可以說出一個完全不同的故事。如果他們對黑人**尚有**憐憫，我們可以說出一個冤屈與苦難的故事，一定會觸動他們的心靈。我們可以也告訴他們，那個可憐的老奴如何年復一年地工作，籌到八百美元買回兒子菲利浦自由掙錢的權利。而他們原本覺得是主人厚葬了她，實際上卻是菲利浦付了喪葬費。我們還可以告訴他們，有一個可憐受折磨的年輕女人，為了逃避強加的酷刑，被關在一個活死人的墳墓裡好幾年，甚至不敢出來見她死去的朋友最後一面。

我坐在小洞旁邊，等待那家人從墓地歸來，想起了上面的一切，以及更多實情。我有時哭泣，有時睡著，做了很多關於生者和亡者的奇怪的夢。

看著外婆失去女兒，我非常難過。她一向堅強地承受著，現在一如既往，是信仰支撐著她。但她黑暗的人生更加黑暗了，歲月與心事在她乾裂的臉上鑿下痕跡。她要我到暗門邊的時候，會敲打四個地方，每個地方有不同的意思。她現在敲的比以前更頻繁。當她跟我提到她死去的女兒時，眼淚順著滿是皺紋的臉頰緩緩流下。我盡我所能安慰她，但令人悲傷的是，我沒辦法幫助她，反倒成為她焦慮、煩惱的來源。她可憐的老背脊剛好承受著重擔。它已經彎了，卻沒被壓斷。

29 逃亡的準備

我言之鑿鑿地寫出自己在陰暗無光、通風不良的「洞穴」中住了將近七年，甚至四肢幾乎沒有活動空間，其實不太指望讀者會相信。但這是事實，就算現在回想起來也很悲傷。我的身體還在承受著長期囚禁的病根，更別說我的心靈了。我的家人現在住在紐約、波士頓，他們可以證明我所言屬實。

有無數個夜晚，我在房裡的小洞旁坐到很晚，這個洞小到我只能看見一顆星星閃爍。有一次我碰巧聽見巡邏隊員與奴隸獵人在一起討論抓捕逃犯，我完全知道他們抓到我會有多高興。

一季過了一季，一年又是一年，我偷偷望著自己孩子們的臉龐，聽著他們甜美的聲音，內心渴望對他們說：「媽媽在這裡。」有時，我感覺自己已經身處這種陰鬱、乏味的生活非常久。我有時會發愣，而且無精打采。有時會非常想知道，這種黑暗的歲月何時才會結束，

好讓我再去感受陽光，呼吸純淨的空氣。

艾倫離開我們之後，這種感覺越來越強烈。桑德斯先生說只要有菲利浦舅舅陪同，班尼隨時都可以去北方。我也很想去那裡照顧孩子們，盡我所能保護他們。而且，如果我再待下去，可能被淹死在這小房間。屋頂嚴重失修，菲利浦怕有人看到也不敢整修木瓦。夜晚下大雨時，他們會在上面鋪上席子和毯子，等早上雨停了，看起來就像是在晾曬，不過白天下雨的話，這樣做會吸引別人注意。所以我的衣服和被單常常濕透，這樣一來，我受限、僵硬的四肢越來越疼痛。我不斷想著如何逃跑，有時外婆來暗門這邊和我小聲說話，我就把想法告訴她。這位善良的老夫人對逃跑的人有極大同情。她非常了解被抓回來會遭受到何種酷刑。她總會回想起她孩子中最年輕、跟她最親的兒子——聰明英俊的班傑明逃跑時受的苦難。所以，只要我提到了這個話題，她都會叫道：「噢，別想這件事，孩子。這會讓我心碎。」現在沒有南茜阿姨鼓勵我了，但威廉和我的孩子們一直在北方向我招手。

現在，我們必須回到幾個月前的故事。我有提過，每年的一月一日是買賣奴隸或把奴隸租給新主人的日子。在這個自由人看來如此快樂的節日，如果用心痛來計算時間的話，那可憐的奴隸們可能會度日如年。南茜阿姨去世前的元旦，我有個朋友范妮，她的主人為了還債要把她送去拍賣。我整天都在想她的事，到了晚上，我焦急地詢問她的命運。我聽說她被賣給了一個新主人，而她四個年幼的女兒則被賣給另一個住很遠的主人。她從她的買主那裡逃跑，已經不見了。她的母親就是我前面提到的阿姬。阿姬住在我外婆的一間小屋，跟外婆家在同一塊地。她住的地方遭到搜查和監視，這些巡邏隊員離非常近，我不得不在小屋中保持警惕。奴隸獵人最後一無所獲，不久之後，班尼無意中看到范妮出現在她母親的小屋，他把這件事告訴他的曾外婆，曾外婆叫他永遠不要說出去，並向他解釋了可怕的後果，而他果真沒有辜負曾外婆的信任。阿姬作夢也沒想到這駝背的老鄰居知道她女兒藏在哪裡。我外婆彎著腰，同樣承受她正在承受的擔憂和恐懼。不過，這些危險的祕密讓這兩個被壓迫的老人更是惺惺相惜。

好幾個星期以來，我和范妮就住在可以聽見彼此聲音的地方，但她並沒發現。我希望可以讓她過來我這邊住，因為這似乎比她的地方安全得多。但我已經給外婆帶來這麼多麻煩，要冒著更大風險恐怕不妥。我越來越不安，在肉體與精神的痛苦中生活得太久，總是害怕發生意外或遭到算計，奴隸制度會奪走我身邊的孩子。這種想法幾乎要把我逼瘋，我決定不顧一切危險去北方。在這關鍵時刻，上帝為我開了一條意想不到的逃亡之路。有一天晚上，我的朋友彼得過來想和我談談。他告訴我：「妳的好日子到了，琳達。我幫妳找到一個去自由州的好機會。妳有兩個星期的時間可以決定。」這個消息好到令人難以置信，彼得解釋了他的安排，說只差我答應了。我原本要爽快地答應他，這時卻想起了班尼。我告訴他，這個提議非常吸引人，但我也很害怕老弗林特醫生威脅要控制我的孩子，所以沒辦法丟下孩子就走。彼得苦口婆心地勸我，說這種好機會再也不會有了，而且班尼是自由的，他到時候會送來我的身邊。為了孩子們的幸福，我不能再猶豫了。我告訴他，我會與菲利浦舅舅商量。我舅舅也很贊成這個計畫，叫我無論如何都要去。他承諾只要他還活著，他會在我到達安全的地方之後把兒子親自帶來或託人送來。

我決定離開，但我覺得最好等臨走前再告訴外婆。可是舅舅認為太突然的話外婆一定會更傷心。他說：「我會說服她，讓她相信這樣是正確的。這不只是為妳，也是為了她。妳不可能沒看見她現在有各種巨大壓力。」我並不是視而不見。我知道自己的躲藏就是她焦慮的根源，她年紀越大，越害怕被人發現。舅舅與她談了一番，最終讓她相信我必須把握這個千載難逢的機會。

對我虛弱的身體來說，要成為自由人的挑戰實在不小。這種興奮感刺激了我，也讓我有些困惑。我想辦法做足準備，為了這趟旅程，也為了我兒子。我決定在臨走前跟他見一面，想給他一些叮嚀與建議，並告訴他我會在北方殷殷盼著他來。外婆只要有機會就會偷偷給我一些忠告。她堅持我一到自由州就要寫信給老弗林特醫生，請他把我賣給外婆。她說，為了我和孩子能平安地生活在世界上，她願意犧牲她的房子和所有家當。如果她在世時聽見**好消息**，那她就死而無憾。我答應這位親愛的老朋友，我一到就會立刻寫信，並想辦法讓信順利交到她手上。但我暗自下了決心，絕不讓她把血汗錢交到奴隸主手上，去買他們口中的財產。我並非不願買下我已經擁有的權利，但考量到代價是要把這個活不久的老親人趕出家門，那麼，人性會阻止我接受她如此慷慨的提議。

我是搭船逃跑的，但我必須隱去一些細節。那時我準備好了，但那艘船卻耽擱了幾天，與此同時，鎮上傳了一則消息——有個名叫詹姆斯的逃奴被殘忍地殺害了。那個不幸的年輕人的老母親夏洛蒂，是我們的老朋友。我在〈附近的奴隸主〉那一章描述過他死亡的可怕細節。外婆只要聽見有人逃跑就會緊張兮兮，她相信如果我不停止計畫，最終也會有那種命運。她哭泣，哽咽地求我別去。她過度的恐懼似乎會傳染，我內心抵擋不了她的極度痛苦。讓我自己失望的是，我答應她放棄逃跑。

我朋友彼得知道這件事之後，非常失望又苦惱。他說根據過去的經驗，錯過這次機會，可能很長時間都不會再有。我告訴他用不著放棄這個機會。我有個朋友藏在附近，她會很高興我把機會讓給她。我把范妮的可憐遭遇告訴彼得，他表示願意幫忙。他善良又正直，永遠都不會對有困難的人視而不見，無論是白人或黑人。阿姬很驚訝我們知道她的祕密。但聽說范妮有這麼好的逃跑機會，她非常開心，安排好隔天晚上讓女兒上船。她們母女都以為我早就去北方了，所以討論中沒有提到我的名字。

范妮在約定的時間被帶上船，藏在一個非常小的船艙內。弄到這個地方花的錢，相當於去英國的船費了。不過，如果一個人打算到美麗而古老的英格蘭去，他們會先算算看自己能不能負擔這種娛樂，而對一個顫抖的受害者來說，他為了藉由這個交易來逃離奴役，隨時都準備說：「別出賣我，我會把所有的錢都給你。」

第二天早晨，我從小洞往外看，只見天空陰沉，烏雲密佈。晚上我聽見消息，說船因為起風而停班。我非常擔心范妮與彼得，彼得因為我的鼓勵而冒著巨大的危險。隔天，風勢和天氣依然不見好轉。范妮被帶上船時嚇個半死，我可以想像她現在一定也很驚慌。外婆時常來小房間找我，說幸虧我沒走。第三天早晨，她敲門叫我下去儲藏室。那可憐的老人精神瀕臨崩潰，現在很容易慌張。我發現她緊張又激動，而且我還發現她一如既往地忘了鎖上身後的門。她過度擔心船的滯留。她害怕一切都穿幫，然後范妮、彼得和我都會被折磨至死，菲利浦舅舅也會被徹底毀掉，她的房子會被拆掉。可憐的彼得！如果他好心幫助我，卻因此像詹姆斯那樣死狀悽慘，那我們要怎麼面對！唉，我時常有這種想法，每想一次都心驚肉跳。我試圖壓抑自己的焦慮，說了些安慰的話。外婆提到南茜阿姨，她不久前才下葬的女兒，接著完全失控了。外婆站在那裡，渾身顫抖地哭泣著，這時遊廊上傳來一道聲音：「瑪莎阿姨，妳在哪裡？」外婆受到驚嚇，在情緒中打開了門，完全忘記我在旁邊。走進來的是珍妮，她是個居心叵測的女僕，我躲在那位恩人的房子裡那時，她曾經想進入我的小房間。「瑪莎阿姨，我一直在附近找妳，夫人想要些餅乾。」我躲在一個桶子的後面，把我完全擋住，但我猜想珍妮一直看著這裡，於是心跳劇烈。外婆立刻想到她做了什麼，於是急忙帶著珍妮出去拿餅乾，然後把門鎖上。幾分鐘後，她回來了，看起來非常絕望。她說：「可憐的孩子，我的粗心害了妳，船還沒走呢。妳馬上準備好，跟范妮一起走，我現在不會反對妳走。因為今天還不知道會發生什麼事。」

菲利浦舅舅被叫來，他同意外婆的看法，認為珍妮會在二十四小時內把這件事告訴老弗林特醫生。舅舅說如果可能的話，最好把我弄上船。否則我最好還是待在小房間不動，這樣他們除非把房子拆了，不然找不到我。他說發起行動的人不能是他，因為會馬上讓人懷疑。不過他答應去幫忙聯絡彼得。我不想再找彼得，因為我已經拒絕他一次。但我別無選擇。彼得原本對我的優柔寡斷很生氣，但他仍然忠於他大方的本性，立刻答應要盡力幫我，說他相信這次我會表現得更強韌。

他立刻趕往碼頭，發現風向改變了，而船已經下水緩緩向下游開去。他找來兩個船夫，給他們各一美元，說因為情況緊急必須要追上那條船。由於彼得的膚色比船夫還白，當船長看到他們快速追來，以為是官員要來搜索逃奴，於是加快速度。不過小船已經跟上了，彼得不顧疲倦地跳上甲板。

船長一眼就認出他。彼得說要到船艙裡去談談他們之間的一筆交易。他說出了目的，船長說：「怎麼了，那個女人已經到船上，我把她放在魔鬼也找不到的地方。」

「但我想帶的是另一個女人。她也很悲慘，如果你能讓她上船，只要合理，要多少錢都可以。」

「她名字是什麼？」船長問。

「琳達。」彼得說。

「在這裡的那個女人就叫琳達。」船長大叫：「哎呀，你是想出賣我吧。」

「噢！」彼得大呼：「上帝知道我連你一根頭髮都不會出賣。我太感謝你了。是真的有另一個處境危險的女人。請你行行好，停下來把她帶走！」

沒過多久，他們達成共識。范妮根本不知道我還待在南方，所以就冒用了我的名字，但她取了另一個姓氏，自稱琳達・強森。彼得說：「琳達這個名字很常見，我帶的這個女人叫琳達・布倫特。」

船長同意收取一筆可觀的滯留費，然後會在某一個地方等到晚上。

當然，這一天讓我們提心吊膽。不過我們推斷，假如珍妮看見了我，她會聰明地不告訴她的女主人。我很清楚她家的規矩，她大概晚上才有機會去找老弗林特醫生一家。後來風平浪靜，我相信珍妮其實沒看見我。她這個人性格低劣，會為了三十枚銀幣背叛她受苦的同胞。

我已經做好一切準備，天一黑就上船。我決定與兒子一起度過等待的時間。雖然我們都住在同一個屋簷下，我只要身體有辦法坐到小洞旁邊就能看到他，但我已經有七年沒有和他說話了。我不敢走出儲藏室，於是他們把班尼帶過來，然後把門鎖上。這裡正好被擋住，從遊廊大門那邊看不到。這次見面讓我們兩人激動不已。我們邊聊邊哭了一陣子，他說：「媽媽，妳要走了，我很高興。我希望可以和妳一起走。我早就知道妳在這，我一直都害怕他們會來抓妳！」我很驚訝，問他是怎麼知道的。

他回答：「有一天，是在艾倫離開之前，我站在屋簷下，聽見有人在木屋頂那邊咳嗽。我不知道怎麼會覺得是妳，但我覺得就是妳。艾倫走的前一天晚上我沒看到她，曾外婆晚上把她帶回房間，我想她可能在走之前去看妳了，因為我聽到曾外婆小聲對她說『現在去睡覺吧，記住永遠都不要說』。」

我問他有沒有跟艾倫說過這些懷疑。他說從來沒有。不過他自從聽到咳嗽聲之後，只要看見艾倫跟其他小孩在房子這一側玩耍，就會想辦法把她哄到另一邊去，唯恐我的咳嗽聲被他們聽到。他說，他一直仔細打聽老弗林特醫生的情況，如果他看到老弗林特和巡警、巡邏隊員交談，他就會告訴曾外婆。現在回想起來，如果有人在房子這一邊，我曾經從小孔看到班尼表現出不安，那時我不知道他為何這樣。對於一個十二歲的小孩來說，如此謹慎似乎不太尋常，但奴隸們的周遭都是祕密、欺騙和危險，因此很早就學會時時保持多疑和警惕，小小年紀就懂得謹慎與耍詐。他從來沒有問過我外婆或菲利浦這件事，當他跟其他小孩聊到我在北方時，我常常聽見他隨聲附和。

我告訴他，我現在真的要去自由州了，如果他是正直的好孩子，當一個讓曾外婆疼愛的乖孩子，上帝就會祝福他，把他帶到我身邊，這樣我們就可以跟艾倫生活在一起。這時他告訴我外婆已經一整天沒吃東西。他說話時，門打開了，外婆拿著一個裝錢的小袋子進來，想讓我帶著。我求她至少留下一點，班尼到時候去北方可以用。但她眼淚奪眶而出，堅持要全部給我。她說：「妳如果在人生地不熟的地方生病了，他們會把妳送到救濟院等死。」啊，多好的外婆！

我最後一次爬進我藏身的小房間。這淒涼的小房間不再讓我心寒，因為我的心中已經升起希望的光芒。不過，雖然自由的美好前景在我面前，我仍然悲傷不已，因為我要永遠離開這個家——在這裡，親愛的老外婆長期庇護著我。在這裡我有過年輕的初戀之夢。在初戀的情感淡去之時，我荒蕪的心在這裡與孩子們緊緊相連。離開的時刻快到了，我下樓回到儲藏室，外婆和班尼都在那裡。外婆拉著我的手說：「琳達，我們禱告吧。」我們一起跪下來，我一隻手把孩子緊緊抱胸口，另一隻擁著外婆這個可靠的老朋友。我要和她永別了。這般對上帝懇切地祈求同情和保護，我今生在任何地方都沒有聽過。這讓我內心激動，鼓舞我相信上帝。

彼得在街上等我，我快步跟上他。我雖然身體虛弱，意志卻很堅強。我知道我再也見不到這座老房子了，但我沒有回頭。

30 一路向北

我不知道我們是怎麼到達碼頭的。我的腦袋一片混亂，四肢都不聽使喚。我們在約定的地方跟菲利浦舅舅碰面，他在我們出發之前，先走另一條路線到這裡，如果有任何危險就可以及時通知我們。一艘划槳船已經準備就緒，當我正要踏進那艘小船，我發現自己被輕輕拉住，我回過頭，看見臉色蒼白、神情焦慮的班尼。他在我耳邊輕聲說：「我一直偷偷看醫生的窗戶，他在家。再見，媽媽。不要哭，我會去的。」他急忙跑走了，我緊緊握住舅舅的雙手，我欠他太多了。還有彼得，這個朋友如此勇敢而慷慨，竟願意冒著這麼大的風險來保護我。直到今天，我都還記得他對我說他發現安全逃跑的方法時，那表情是多麼神采飛揚。不過，這個聰明、勇敢、有高尚情操的人卻是一種動產！根據這個自稱文明之國的國家法律，他可能跟馬匹、豬隻一起被拍賣！我們在寂靜中分別了。我們心中的話多到說不出來！

小船在水面上快速前行。過了一會兒，其中一個水手說：「別灰心，夫人。我們會把妳

安全送到丈夫身邊，在……」我起初不知道他是什麼意思，但我仔細想想，覺得可能是船長告訴他的。於是我謝過他，說希望天氣不錯。

我上了大船，船長前來迎接我。他已經上了年紀，看起來很親切。他帶我去到一個很小的船艙，我的朋友范妮坐在裡面，她嚇了一跳，以為自己見了鬼。她驚訝地看著我，叫道：「琳達，是**妳**嗎？還是妳的鬼魂？」我們緊緊抱著對方，我壓抑已久的情緒終於控制不住。我的哭聲被船長聽見，他過來好心提醒我們，為了他的安全，也為了我們自己的安全，我們最好小心一點，不要引起任何人注意。他說只要海面上看得到別的船帆，他就希望我們待在甲板下，否則其他時候他不反對我們上甲板。他保證會提高警覺，如果我們小心一點，他不覺得我們會有危險。他跟別人說我們是去與丈夫相會的女人。我們感謝他，答應會小心翼翼地遵守他給我們的所有指示。

我和范妮在小船艙裡用很低的音量交談著。她述說她逃跑時面對的苦難，以及躲在她母親房子裡的恐懼。而更令她痛苦的是，她詳細描述了她在可怕的拍賣日當天與所有孩子永遠分離。我告訴她自己在那個小房間躲了七年，她簡直不敢置信。我說：「我們都一樣不幸。」她回答：「不，妳很快就要看到妳的孩子了，而我根本不可能聽到他們消息。」

船很快就開了，但行進的速度緩慢。我們是逆風。只要離開了這座城市，我根本不會在意這件事。不過，我常常擔心巡警會上船搜查，因為我們還沒有離敵人太遠。我與船長、水手在一起時也感覺不自在。我對那些人完全陌生，我聽說水手們很粗魯，有時很殘暴。我們現在只能聽他們的，如果他們是壞人，我們的處境會變得很糟。現在船長收了我們的船費，但他會不會想賺得更多，把我們交給那些視我們為財產的人呢？信任他人是我的本性，但奴隸制讓我開始懷疑起每一個人。范妮不像我那樣不相信船長和水手。她說她一開始也很害怕，但船停靠在碼頭的那三天，沒有人出賣她，也沒有人不善待她。

不久，船長來建議我們去甲板上呼吸一下新鮮空氣。他友善、禮貌的態度，加上范妮的證詞，我終於放下心來，和他一起上甲板了。他提供了我們舒適的座位，偶爾和我們交談幾句。他告訴我們，他出生在南方，在蓄奴州度過了大半生，最近有個做奴隸交易的兄弟去世了。他說：「不過，這種交易可憐又可恥。說到家人在幹這種勾當，我總是覺得很丟臉。」當我們經過「多蛇沼澤」的時候，他指著那裡說：「那裡是一區違背所有法律的奴隸領地。」我想起自己在那裡度過的可怕日子，雖然那不叫做「悲涼沼澤」，但我一看到它就覺得悲涼。

我永遠也忘不了那個晚上。春天溫暖的空氣是如此清新舒暢！我該怎樣描述我們在切薩皮克灣（Chesapeake Bay）航行的感覺呢？噢，美麗的陽光！愉悅的微風！我可以毫無畏懼地享受它們。直到失去了空氣與陽光，我才發現它們多麼珍貴。

離岸十天之後，我們快到達費城了。船長說我們到的時間會是在晚上，但他認為最好等到隔天早上，因為在光天化日之下上岸，是避免懷疑的最好辦法。

我說：「你最懂這些事。不過你願意留在船上保護我們嗎？」

他看出我仍有戒心，並表示他很遺憾，因為他已經把我們帶到終點站，卻發現我還是不信任他。唉！如果他當過奴隸，就會知道信任一個白人有多難。他向我們保證，我們可以高枕無憂地睡到天亮，他會確保我們一直受到保護。雖然這位船長是南方人，但容我冒昧地說，就算我和范妮都是白人，而且這趟旅行是合法的，他也不可能拿出更多善意了。彼得很聰明，他把我們託付給他看對眼的人身上。第二天早上天一亮我就上了甲板。我叫范妮陪我看日出，這是我們有生以來第一次在自由州看日出——至少我**當時**是這樣認為的。我們盯著逐漸染紅的天空，看見那巨大的球體緩緩從海中冒了出來。很快地，波光開始閃爍，一切都沾上美麗的光輝。這座陌生的城市呈現在我們眼前，我與范妮四目相對，兩個人都眼泛淚光。我們逃離了奴隸制度，我們覺得現在很安全，沒有奴隸獵人的追捕。不過我們在這世上獨自一人，留下了四散的至親——那些被邪惡制度給殘忍切斷關係的至親。

31 費城經歷

我聽說過，奴隸會在北方找到許多朋友。我相信我們會找到一些。在此期間，我們也理所當然地認為大家都是朋友，後來才發現事實並非如此。我去找那位好心的船長，感謝他的關照，說我會對他給我們的幫助銘記在心。我請他幫我傳話給家裡的親友們，他答應了。我們登上一艘划艇，大概十五分鐘後，在費城的一座木碼頭上岸。我站在碼頭上四處張望時，好心的船長輕輕拍了我的肩膀，說：「後面有一位看起來很體面的黑人。我會去跟他聊有沒有火車開到紐約，然後告訴他妳也想到那裡。」我謝過船長，又請他告訴我哪裡有商店能讓我買手套與面紗。船長告訴我，然後說在我回來之後，他會跟那位黑人談談。我盡可能快去快回。我因為在船上勤加鍛煉，再加上時常用海水搓洗，手腳幾乎恢復正常了。大城市的嘈雜讓我眼花撩亂，不過我找到商店，給范妮還有自己買了手套和雙層面紗。店主說他們要一些「徵收費」。我以前從沒聽過這個詞，但我沒告訴他，因為我猜如果他知道我是外地人，

可能會問我從哪裡來。我給了他一枚金幣，他找了些零錢給我，我數了數，才知道徵收費是多少。我走回碼頭，船長把我介紹給那位黑人，他是耶利米・達勒姆，是伯特利教會的牧師。他握著我的手，彷彿我們認識很久。他說我們到得太晚了，搭不上往紐約的早班火車，必須等到晚上或隔天早上。他邀請我去他家住一晚，說他的妻子一定會熱情歡迎我，然後找他的鄰居收留范妮。我感謝他對我們這兩個陌生人的好意，不過我對他說，如果必須要住一晚，那我希望去找以前的同鄉。達勒姆先生堅持要請我吃飯，然後幫我尋找同鄉。水手們來和我們道別，我握著他們刻苦耐勞的雙手，熱淚盈眶。他們一路上非常友善，幫了我們一個他們無法想像的大忙。

我從未見過這麼大的城市，也沒見過街上有這麼多人。路人似乎都帶著好奇的眼光打量我們。我坐在甲板上風吹日曬，因此臉上起了水泡，也脫了一層皮。我想他們很難看出我的種族。

達勒姆夫人熱情地歡迎我，沒有問我們任何問題。我很疲累，她的友善讓我很開心。上帝保佑她！我相信她不只關心我，也一定關心過其他疲憊的心。她身邊是丈夫與孩子們，這個家因為有法律的保護，顯得神聖而不可冒犯。我想到了自己的孩子，嘆了口氣。

用過晚餐，達勒姆先生陪我一起去尋找我提過的朋友。他們都是從我家鄉來這的，我期待著遇見故人的快樂。但他們都不在家，我們只好折返，走過乾淨得令人愉快的街道。達勒姆先生在路上說，我提到想見見女兒，這讓他十分驚訝，因為我看起來年紀很小，他以為我還沒結婚呢。他快講到我很敏感的話題了。我猜，他接下來會問我丈夫的情況。如果我據實相告，他會怎麼看我？我說我有兩個孩子，一個在紐約，一個在南方。他又問了一些問題，我於是坦承說出我人生中一些最重要的經歷。揭開過去的傷疤很痛苦，但我不會欺騙他。我認為，假如他願意和我交朋友，那他應該要先知道我是否值得來往。「如果我剛才太過試探，請原諒我。」他說：「我問這些並不是出於無聊。我是想知道妳的處境，這樣我才知道能否幫助妳或妳的女兒。妳回答得很直接，表示妳值得信任。但請別這樣直接回答每一個人。這對於冷血無情的人來說，或許是看不起妳的藉口。」

看不起，這個詞像是炭火一樣燒灼著我。我回答：「只有上帝知道我的痛苦，我相信祂會寬恕我。如果祂允許我擁有孩子，那我打算當個好母親，用不會被看不起的方式好好過生活。」

「我尊重妳的想法。」他說：「相信上帝，秉持善念行事，妳就不會沒有朋友。」

到家後，我進到我的房間，終於暫時能把世界隔絕在門外。他說的話讓我印象非常深刻，讓我想起了悲傷過去帶給我的巨大陰影。我正在思考時，突然被敲門聲嚇了一跳。達勒姆夫人走了進來，臉上掛著親切的笑容。她說樓下有一個反奴隸制的朋友想見我。我克服了害怕見陌生人的心理，跟著她下樓。我被問了許多問題，內容關於我的經歷，還有我如何從奴役中逃脫。我發現他們說話時都很小心，盡量不說會我傷心的話。沒有提及任何傷害我感情的字眼。這很令人高興——但只有曾經不被當作「人類」的人才有辦法理解。這位反奴隸制的朋友問我有什麼打算，如果有需要，他願意提供幫助。范妮暫時跟達勒姆先生的朋友住在一起，生活還算舒適。反奴隸制協會（Anti-Slavery Society）同意幫她支付去紐約的費用。他們也願意幫我付錢，但我拒絕了，我說外婆給我的錢很充足，可以支應到我旅程結束。他們勸我們在費城多留幾天，直到他們找到適合的護送人。我欣然接受這個建議，因為我害怕見到奴隸主，也有些害怕鐵路。我這輩子沒有坐過火車——這對我來說是一件重要的大事。

那天晚上，我帶著從未有過的心情上了床。我真的相信自己是一個自由的女人了。我久久無法入睡，但才剛睡著，就被火警的鈴聲吵醒了。我跳起來匆匆穿上衣服。在我的老家，只要發生這種事大家都會馬上把衣服穿好。白人起床是怕可能會有人趁著大火發動叛變。黑人則被命令去滅火。我們鎮上只有一台救火車，他們常常叫黑人婦女、孩童把它拖到河邊裝滿水。達勒姆夫人的女兒和我睡在同一間房，發生這麼大的動靜，她卻沒有醒來，我想我有責任叫醒她。「怎麼了？」她揉著眼睛說。

「有人在街上喊說失火了，警鈴在響。」我回答。

「那有什麼關係？」她睏倦地說：「我們都見怪不怪了。除非失火的地方很近，不然我們不會起床的。起來要做什麼呀？」

我很驚訝，居然不用給救火車灌水。我就像一個懵懂無知的兒童，剛開始了解大城市裡的生活。

在早晨，我聽見有女人在叫賣新鮮的魚、漿果、紅蘿蔔和各種雜貨。這一切對我來說都是新事物。我很早就穿好衣服，坐在窗邊觀看那未知的人生潮浪。

費城在我看來是個奇妙的好地方。吃早餐時，大家聽說我想出門去拖救火車，都被逗樂了，我也跟著大家笑了起來。

我去看范妮，發現她跟她的新朋友們相處得很愉快，一點都不急著離開。我和好心達勒姆夫人相處時也很開心。她受過良好教育，這點比我好多了。每一天，幾乎每一個小時，我都在一點一滴增加我的知識存量。她如果覺得情況允許，就會帶我出去看看這座城市。有天她帶我到一位畫家的畫室，給我看了幾幅她孩子們的肖像。我從來沒有看過黑人的畫像，真美麗。

第五天晚上，達勒姆夫人有位朋友說隔天一早要陪我們去紐約。當我緊緊握著她的手告別時，我其實很想知道她丈夫是否有把我的事情告訴她。我想他有，但她隻字未提。我猜這就是女人們表達同理的微妙沉默。

達勒姆先生把車票遞給我們，說道：「我擔心妳們這一趟會不舒服，但我買不到頭等車廂的票。」

我以為是我給他的錢不夠，於是又補了一些。「噢，不。」他說：「有錢也買不到。他們不讓黑人進入頭等車廂。」

這是我對自由州的熱情第一次被潑冷水。在南方，黑人被允許坐在白人車廂之後那一節骯髒不堪的車廂裡，但他們不需要為了這種優惠而付錢。看到北方也模仿了奴隸制的習慣，我覺得很難過。

我們擠上一節寬敞而簡陋的車廂，車廂兩邊都有窗戶。窗戶的位置很高，不站起來就看不到外面。車廂裡擠滿了乘客，顯然各種國家的人都有。也有很多床鋪和搖籃，裡面躺著哭鬧著、兩腿亂蹬的嬰兒。所有男人們嘴上都叼了雪茄或是菸斗，一壺又一壺的威士忌被隨意傳來傳去。威士忌的酒味道與濃烈的菸味讓我感覺噁心，四周傳來的下流笑話、歌曲也是。這是一趟很不舒服的路程。不過，現在這些問題已經有所改善。

32 母女重逢

到紐約之後，有一群馬車夫大聲吆喝著，簡直要把我搞瘋。「夫人，要坐馬車嗎？」我們和其中一個馬車夫議價，要他用十二先令的價格帶我們去蘇利文街（Sullivan Street）。這時，有個魁梧的愛爾蘭人走過來說：「我只收妳們六先令。」便宜一半是件好事，我們問他是否能馬上出發。他回答：「當然，女士們。」這時我發現其他馬車夫彼此笑了笑，於是問他車子狀況如何。「當然是好的，女士們。如果讓女士坐上破破爛爛的馬車，我就是個惡魔。」我們把行李票拿給他，他去取行李，很快就回來了，說：「女士們，請跟著我走。」我們跟著他，發現我們的行李箱放在一輛載貨的馬車，他叫我們坐在行李箱上。我們抗議說這和先前談好的不一樣，叫他把箱子拿下來。他發誓除非我們給他六先令，否則沒人可以碰箱子。以我們現在的情況，引起別人注意不太明智，於是我正打算要拿錢給他，結果旁邊有個男人搖著頭，叫我別付錢。我們費了好大一番工夫才擺脫那個愛爾蘭人，終於把我們的行李箱放在一輛大馬車上。有人介紹了一間位在蘇利文街的寄宿公寓，我們就往那裡駛去。范妮和我在那邊分開了。反奴隸制協會提供她住宿，後來我聽說她過得很好。我請人幫我找一個同鄉的老朋友，他來紐約做生意已經有段時間了。他馬上就過來，我告訴他我想去找女兒，請他幫忙安排我們見上一面。

我希望他不要把我剛從南方來的事告訴那家人，因為他們以為我已經在北方七年了。他告訴我，布魯克林有個黑人女子是我的同鄉，我最好到她家去，跟女兒在那裡見面。我滿懷感激地接受了這個建議。他同意陪我去布魯克林。我們穿過富爾頓（Fulton）渡口，走上紫薇大道（Myrtle Avenue），在他說的那間房子門前停下腳步。我正要進門，這時有兩個女孩從一旁經過。朋友提醒我她們來了。我轉過身，認出年紀比較大的是莎拉，她母親以前跟我外婆住在一起，但許多年前離開南方了。我對這次偶遇又驚又喜，張開雙臂抱住她，詢問她母親的近況。

我的朋友提醒：「妳應該看看另一個。」我轉頭一看，發現我的艾倫就站在那裡！我把她摟在懷中，然後把她拉開，因為我想仔細看著她。我跟她已經分別了兩年，她變了很多。母親敏銳的眼睛可以察覺出任何細微的變化。朋友邀請我們進屋說話，但艾倫說她是出來辦事的，她必須儘快完成，然後回去請求霍布斯夫人讓她見我。我們約定明天我請人去接她。

莎拉則跑去告訴她母親我來了。進屋之後，我發現女主人不在，於是等著她回來。我沒看到她就先聽到她的聲音：「琳達．布倫特在哪裡？我以前就認識她的父母。」莎拉很快就和她母親一起來了，說起來大家都是我外婆的鄰居。這些朋友圍在我身邊不斷問長問短，他們發笑、哭泣，激動得喊叫。他們感謝上帝保佑我逃離了迫害我的人，平安無事地到了長島。這一天非常激動，非常不同於我在那悽慘的小房間度過的寂靜歲月！

隔天是禮拜天。我醒來的第一件事，就是要給霍布斯夫人（就是跟艾倫住在一起的那位）送個信去。顯然我才剛到這裡沒多久，不然我早就該去打聽女兒的下落了。我不能讓他們知道我剛從南方來，否則他們會懷疑我躲在南方，這樣一來許多人就算不被毀滅，一樣會有麻煩。

我喜歡直來直往，總是不喜歡耍心機。但現在我也騙人了，原因都是因為奴隸制度。正是這種暴力又錯誤的制度使我別無選擇，只能編造謊言。我在信的開頭這樣寫，說我剛從加拿大回來，很希望女兒來見見我。艾倫來了，帶著霍布斯夫人的口信，邀請我去她家，叫我絕對別擔心。我和女兒的談話卻沒有讓我安心。我問她有沒有被善待，她說有，但語氣卻不帶情緒。我認為這是為了不讓我替她操心的回答。離開之前，她非常認真地問我：「媽媽，你會帶我一起跟妳生活嗎？」我很難過，因為我想到自己沒辦法給她一個家，除非找到能賺錢的工作，這可能還要好一陣子。當初她被送到霍布斯夫人家，協議是要讓她去上學。但她在那裡已經兩年了，現在九歲，連自己的名字都不會認。這是毫無藉口的，因為布魯克林有幾所很好的公立學校，她可以免費上學。

她一直陪我到天黑，我陪她回去。霍布斯一家對我很親切，他們都說艾倫是個聽話的好女孩。霍布斯夫人則冷冷看著我，說：「我想妳應該知道，我的表兄桑德斯先生已經把艾倫**給了**我的大女兒，她長大之後會給我女兒當侍女。」我一個字都沒有回答。同樣身為母親，她知道母愛的力量，也完全知道桑德斯先生與孩子們的關係，她**怎能**當著我的面把匕首刺進我胸膛呢？

他們讓她保持如此無知，也就不是太奇怪了。霍布斯先生以前家裡很富有，後來家道中落，他在海關找到一份下級職務。也許他們希望有天能回去南方。對奴隸來說，艾倫懂的東西已經足夠了。我想立刻去找一份賺錢的工作，或許這樣就能改變孩子的不定處境。桑德斯先生沒有遵守解放兩個孩子的承諾，我在艾倫的事情上受騙。那我又該拿什麼確保班尼的安全？我感覺自己一無所有。

我忐忑不安地回到朋友家。為了保護我的孩子，我得先有自己的所有權。我自稱自由了，有時也覺得非常自由，但我知道我沒有保障。那天晚上，我坐下來給老弗林特醫生寫了一封禮貌的信，請他告訴我，把我賣出的最低條件是什麼。按照法律來看，我屬於他的女兒，所以我也寫了一封信給她，做了相同的請求。

我來到北方之後，一直都沒有忘記我親愛的弟弟威廉。我到處打聽，聽說他人在波士頓的消息，於是就去了那裡。我到了波士頓，才又聽說他已經去了新貝德福德。我寫信寄到那裡，又被通知說他去捕鯨了，要過幾個月才會回來。我回到紐約，想在離艾倫不遠的地方找份工作。我收到老弗林特醫生的回信，但沒有得到半點鼓勵。他勸我回去服侍法律上的主人，然後我提出的任何請求都會被滿足。這封信我借給了一個朋友，卻被不小心弄丟了，不然我可以給讀者們看看信上寫些什麼。

33 找到一個家

我現在最擔心的是找工作。雖然我的雙腳走太多路就會腫脹，但健康狀況已經好多了。我面臨的最大困難在於：必須要有人推薦，才能讓雇主聘用陌生人。而我現在這種特殊狀況，當然無法在從前忠實服務的一家人那裡得到任何證明。

有一天，有個熟人告訴我，有一位夫人想幫孩子找保母，我立刻就去應徵了。那位夫人想找個當過母親、習慣照顧嬰兒的人，我說我曾經自己生養過兩個孩子。她問了我許多問題，但令我欣慰的是，她沒有要求我要拿出前雇主的推薦信。她告訴我她是英國人，我覺得很愉快，因為我聽說英國人對黑人的歧視比美國人少。我們談好要試用一週。結果我們雙方都很滿意，於是我被雇傭了一個月。

天父非常眷顧我，把我帶到這裡。布魯斯夫人是一位善良、溫柔的女士，而且確實是一個真誠又富有同理心的朋友。在這談好的一個月結束之前，我因為必須頻繁上下樓梯，雙腿腫脹不堪，無法再履行職責。其他雇主應該理所當然會叫我走人。但布魯斯夫人讓我少走一些樓梯，還找了醫生給我看病。我還沒告訴她我是逃奴。她發現我時常悶悶不樂，就親切地詢問我原因。我提到我與所愛的親人、與我的孩子們分開的事，但我沒有提到那個時時籠罩著我的不安。我渴望吐露心聲，但我曾經被白人欺騙，對他們完全失去信心。如果他們對我說好話，我會以為他們出於自私。我帶著從奴隸時期就有的不信任來到了這個家庭。但過了將近六個月，我發現布魯斯夫人的溫柔舉止，以及她可愛的寶寶正在融化我冰冷的內心。她讓我在工作之餘閱讀——在她聰明的談吐，以及讀書的影響之下，我狹隘的心胸漸漸開闊。我開始變得更有活力、更開朗。

過去那種不安全感（尤其是關於孩子們），依舊使我的陽光照出黑影。布魯斯夫人給我幫艾倫找了一個家，雖然這件事很棒，但我卻不敢接受，唯恐得罪霍布斯一家。他們知道我不安的處境，將我牢牢掌握在手裡。對我來說，跟他們建立好關係很重要，如此一來，我就可以靠著勞動跟節儉，給孩子們建立一個家。我對艾倫的狀況很不滿意。她沒有得到良好的照顧。她有時會來紐約看我，但她常常帶來霍布斯夫人的口信，要求我幫她買雙鞋或是衣服。而且她保證在霍布斯先生從海關領到薪水的時候，就會把錢還我，但不知為何，我從來沒拿過那些錢。我為了讓孩子穿得舒服，花了很多錢。但比起一件事這不算什麼：他們或許會因為缺錢而把我的寶貝女兒賣掉。我知道他們一直跟南方人有聯絡，有的是機會。我先前有提到，當艾倫被老弗林特醫生關進監獄的時候，她只有兩歲大，由於麻疹引起眼睛發炎。這個病現在還沒全好。好心的布魯斯夫人建議讓艾倫來紐約住一陣子，讓一位有名的眼科專家——艾略特醫生來好好治療。我不覺得一個母親提出這種要求有何不妥，但霍布斯夫人卻非常生氣，不讓她走。以我當時的處境，堅持她來是不明智的。於是我沒有怨言，不過我依然渴望能完全自由地盡到母親的責任。我後來去布魯克林時，霍布斯夫人也許是想為了生氣而道歉，她說自己已經請了醫生給艾倫看眼睛，她之所以拒絕我的請求，是因為她覺得把艾倫留在紐約不安全。我默默接受她的解釋，但她對我說過，艾倫是**屬於**她大女兒的，所以我懷疑真正的原因是她害怕我搶走她的財產。我或許冤枉了她，但依我對南方人的認識，真的很難不這樣想。

我的人生之杯混和了甜蜜與苦澀，但我很感謝它不再那麼苦了。我很喜愛布魯斯夫人的寶寶。她對著我的臉又笑又叫，用柔嫩的小手抱著我的脖子，讓我想起班尼和艾倫小時候，我受傷的心得到安慰。在一個陽光明媚的早晨，我抱著嬰兒站在窗前，突然間，我注意到有個穿著水手服的青年，他仔細查看每一間他經過的房子。我認真地盯著他。是我弟弟威廉嗎？一**定是**他——但他可變得真多！我把寶寶安置好，飛奔下樓，然後打開前門，叫住那名水手。不到一分鐘後，我就被弟弟緊緊抱在懷裡。我們有多少話要說！我們為彼此的遭遇又哭又笑！我帶他去布魯克林找艾倫，當我被關在那陰暗的小房間，這個可愛的孩子是他如此疼愛、細心照顧的。他在紐約住了一週，對我和艾倫的情感一如既往，沒有一種感情比患難之下的情感還更牢固。

34 重遇故敵

我寫信給我年輕的女主人艾米麗．弗林特小姐，請求她同意將我賣掉，但她沒有回應。但過了一陣子，我收到一封回信，寫信人自稱是她的弟弟。為了好好欣賞這封信，讀者要先知道弗林特一家以為我待在北方許多年了。他們不知道很多事，例如：我其實知道醫生三次來紐約找我，聽見他為此來借五百元，還瞧見他去搭氣船。他們也不知道，我對南茜阿姨去世和葬禮的所有細節都知情。我留著這封信，內容如下：

> 幾天前收到妳寫給我姐姐的信。我從這封信得知，妳很想回家鄉和親友團聚。妳這樣讓我們非常高興。而且我很確定，如果我家的人對妳有過怨恨，現在都已經沒有了。我們都很同情妳的不幸，也願意盡我們所能滿足妳、讓妳幸福。妳很難以自由人的身份回來。如果是妳的外婆把妳買下，雖然按照法律來說妳可以是自由人，但這還是很令人

懷疑。如果一個僕人已經離開主人這麼久了，回來時又是自由人，那會有很多不好的影響。從妳的信中，我猜妳的情況一定很困難、很不舒服。回家吧。妳有權利再次得到我們的關愛。我們會張開雙臂，盈著喜悅的淚水接納妳。妳不用擔心我們對妳不好，因為我們並沒有花錢、花時間去找妳。如果我們這樣做，那或許會有不同感覺。妳知道我姐姐一直都很喜歡妳，從來沒把妳當奴隸看。從來沒讓妳幹過苦活，或是到田裡勞動。相反，我們一直讓妳待在家裡，當作家庭的一份子，幾乎是自由的狀態。至少，我們都覺得妳不會因為逃跑而丟了自己的臉。我相信妳會自願回來，所以代我姐姐給妳寫了信。我們全家都很高興再見到妳，妳那可憐的老外婆聽我念了妳的信，非常希望妳回來。她年紀大了，需要孩子在身邊安慰。妳一定也聽說了妳阿姨的死訊。她是一個忠心耿耿的僕人，也是虔誠的美國聖公會信徒。她信仰的一生之中，她教會了我們如何生活——噢，這知識的代價太高了，她也教會了我們死亡！如果妳看見她臨終之際，我們和她母親一起站在她的病榻，大家哭成一團，妳就會發現主僕之間正如母親與孩子，存在同樣真實的情感紐帶。這個話題太沉痛，就不再提了。如果妳想離開妳年邁的外婆、妳的孩子和關愛妳的朋友，那妳就留在異鄉吧。我們永遠不會自找麻煩去找妳。而如果妳願意回來，我們會盡力讓妳開心。如果妳不想留在我們家，我會說服父親，把妳賣給妳自己選的人家。請儘快回信，讓我們知道妳的選擇。姐姐隨信向妳問好。同時請相信我，妳真誠的朋友與祝福者。

這封信的署名是艾米麗的弟弟，他當時還是只個小孩。雖然有所掩飾，但從內容來說，我知道這根本不是小孩寫的信，但我因為太不高興，有好幾年都沒發現那是老弗林特醫生的字跡。噢，這是奴隸主的虛偽！這隻老狐狸以為我會笨到自投羅網嗎？確實，他太相信「非洲種族的愚蠢」。我對弗林特一家的「盛情」邀請沒有表達任何感謝——這毫無疑問是一種怠慢，會被指責是忘恩負義。

不久之後，我收到了一名南方朋友的來信，知會我老弗林特醫生要來北方。這封信耽擱了，我想他可能已經在路上了。布魯斯夫人不知道我是個逃奴。我告訴她我有要事要去波士頓一趟，我弟弟在那兒，我請求她允許我找朋友代替我做保母兩個星期。我立刻出發，一到波士頓，就寫信給外婆說如果班尼來北方，一定要把他送到波士頓。我知道她一直在等送班尼來北方的好機會，而且慶幸的是，她有合法的權利這樣做，無需得到任何人同意。她是一名自由的女性。在買下我的孩子時，桑德斯先生希望用她的名字簽署契約。我猜他預付了那筆錢，但無從得知。在南方，一位紳士可以生下一群黑人小孩，不用怕丟臉。但如果他把孩子們都買下來，想解放他們，那他就會被認為「威脅到他們的特殊制度」，因此受人唾棄。

那時有個好機會讓班尼坐上一艘直達紐約的輪船。他帶了一封信坐上船，要把信交給那位受託帶他去波士頓的朋友。一天早晨，我聽見有人大力敲門，班尼衝了進來，上氣不接下氣。「噢，媽媽！」他大喊：「我來了！我整路都用跑的。我一個人來了。妳還好嗎？」

各位讀者，你們能想像我有多麼快樂嗎？除非當過奴隸母親，否則很難想像。班尼用他最快的速度不斷說著話。「媽媽，妳怎麼不把艾倫帶來？我到布魯克林去看她，我們道別的時候，她很難過。她說：『噢，班尼，真希望我也能和你一起去。』我以為她應該懂很多，不過她沒有我懂得多。因為我會識字，她不會。媽媽，我來的時候把所有衣服都弄丟了。我要去哪裡找衣服？我想，自由的男孩在北方可以和白人男孩一樣生活吧。」

我不願告訴這個樂觀、快樂的小傢伙他完全搞錯了。我把他帶到一家裁縫店，給他買了一套換洗的衣服。那一天我們就在你問我答的狀況下度過了。我們很希望善良的老外婆可以跟我們在一起，班尼一直叫我馬上寫信給外婆，把他途中所有的事情都告訴她，還有波士頓的事。

老弗林特醫生到紐約之後就四處找我，想邀我跟他一起回去。但他不知道我人在哪裡，他的善意邀請沒有用，這個重感情、「打開雙臂」等待我的家庭注定要失望了。

當我知道老弗林特已經安然回家之後，我就把班尼託給威廉照顧，自己則回到布魯斯夫人身邊。我在那裡又度過冬季與春季，忠實地工作著。小寶寶瑪麗的可愛、優秀的夫人的體貼，以及偶爾與我親愛的女兒的會面，都讓我得到了非常多的快樂。

不過到了夏天，過去的不安全感又襲上我的心頭。我必須每天帶小瑪麗出去活動，呼吸新鮮空氣。但這座城市到處都是南方人，也許有人認得我。燥熱的天氣容易出現毒蛇和奴隸主——我對毒蛇的厭惡跟奴隸主差不多。像這樣能自由**表達**，不失為一種慰藉！

35 膚色的歧視

我們準備離開這座城市，讓我內心鬆了一氣。我們搭汽船「尼克博克號」前往紐約州府奧爾巴尼（Albany）。當享用茶點的鈴聲響起時，布魯斯夫人說：「琳達，時間不早了，妳和寶寶最好和我一起去餐桌那裡。」我回答：「我知道寶寶該吃飯了。可是如果可以的話，我還是不一起去了。我怕受到侮辱。」她說：「噢，不會的，只要妳和我**在一起**，不會有人侮辱妳的。」她寬慰我。我看見有幾個白人保母也跟著她們的女主人一起去，所以我也鼓起勇氣去了。我們坐在餐桌的最末端。我才剛坐下，就聽見一個粗啞的聲音：「起來！妳知道妳不能坐這。」我抬起頭來，然後既驚訝又憤怒，因為說話的是個黑人。就算他為了工作不得不這樣，那他至少可以禮貌一點。我回答：「我不會起來的，除非船長自己來跟我說。」我沒有茶水，布魯斯夫人把她的茶杯給我，然後又要了一杯。我觀察其他保母是否也跟我一樣，卻發現她們受到合理的招待。

隔天早上，我們停泊在特洛伊（Troy）吃早餐，大家匆匆往餐廳走去。布魯斯夫人說：「挽著我的手，琳達，我們一起進去。」店主聽到了她的話，便說：「夫人，可以讓您的保母和寶寶跟我家人一起用早餐嗎？」我知道這是因為我的膚色，但他說話很客氣，所以我不介意。

到了薩拉托加（Saratoga），我們發現美國旅館（United States Hotel）裡擠滿了人，布魯斯先生挑的是這間旅館的一座鄉野小屋。我本來很高興可以去到寧靜的鄉村，因為那裡不會遇見什麼人，但我現在發現自己被一群南方人圍繞。我害怕地四處張望，生怕有人認出我來。所幸我們只是短暫停留。

我們很快就返回紐約，準備去洛克威（Rockaway）避暑。洗衣婦正在整理衣服，我趁著空檔去布魯克林看艾倫。我在一家雜貨店裡找到她，她看見我第一句話就是：「噢，媽媽，別去霍布斯夫人家。她哥哥索恩先生從南方來了，也許他會說出妳現在的位置。」我接受了她的警告，說明天我就要和布魯斯夫人出遠門了，回來之後會想辦法來看她。

雖然我伺候的主人是盎格魯—撒克遜人，但在往洛克威的路上，我並沒有被塞進一台叫作「吉姆．克勞」的黑人專用車，也沒有坐在行李箱上穿越街道。但無論在何處，我都會發現這種殘酷的歧視有著類似表現，那種偏見阻隔黑人的感情，壓抑他們的活力。我們在天黑之前抵達了洛克威，入住一家名為帕維里恩（Pavilion）的大型旅館。此處坐落在美麗的海邊，是上流社會的一大度假勝地。這裡大約有三十、四十名保母，種族各異。有些夫人找了一些黑人當侍女或車伕，但我是唯一一個有非洲血統的保母。喝茶的鈴聲響了，我抱著小瑪麗跟在其他保母後面。大家在一間長長的大廳裡吃晚餐。一個負責安排的年輕人繞著桌子走了兩、三圈，最終指給我在一個靠邊的座位。由於只有一張椅子，我便坐下，把孩子抱在腿上。那名年輕人於是走過來，用最柔和淡然的口吻說：「能否讓女孩坐在椅子上，妳站在椅子後面方餵她吃飯呢？等他們吃完了，會有人帶妳去廚房享用豐盛的晚餐。」

這真是極點！我環顧四周，我看見那些跟我一樣是保母的女人，其中有一個膚色略淺一些，全都用鄙視的眼神看著我，彷彿我的出現是一種污染。不過我什麼沒說。我默默抱起孩子，回到我們的房間，拒絕出去用餐。布魯斯先生叫人把飯菜送到房間裡給我和小瑪麗。就這樣過了幾天。不過，旅館的服務員都是白人，他們很快就開始抱怨，說自己不是被找來伺候黑人的。店主要求布魯斯先生讓我下樓吃飯，因為服務員反對送餐上來，而且其他住客的黑人僕人也很不滿意，因為他們覺得不公平。

我的回答是：那些黑人僕人該不滿的是**他們自己**的狀況，因為他們毫無自尊地忍受這種待遇；黑人僕人與白人僕人的住宿費用一樣，沒有理由區別對待。此後我又待了一個月，我發現當我決定維護自己的權益時，最後他們決定對我好一些。讓每一個有色之人都這樣做吧，最終我們將不再被壓迫者踐踏。

36 千鈞一髮的脫逃

我們回紐約之後，我盡快找機會去看艾倫。我覺得霍布斯夫人從南方來的弟弟應該還在，為了避免碰面，我請人去把艾倫叫下來。但霍布斯夫人親自來廚房，堅持要我上樓：「我弟弟想見妳。他很抱歉讓妳躲著他。他知道妳住在紐約。他叫我告訴妳，瑪莎阿姨對他非常好，他不可能會背叛她孫女。」

這位索恩先生在離開南方之前早就窮困潦倒了，這種人常常喜歡去一個老實的老奴隸那裡借錢，或者混飯吃，也不願意去找跟他們「平等」的人。這就是他感謝外婆的原因。我真想跟索恩先生保持距離，但他就在這，也知道我在這。我認為逃避他沒有好處，反而會讓他產生惡意。我跟著他的姐姐上樓，他很有禮貌地迎接我，祝賀我逃脫了奴隸制，並希望我找個快樂生活的好地方。

我繼續盡可能多探望艾倫。她是一個體貼的好孩子，從未忘記我的危險處境，很替我的安全著想。她從不抱怨自己的麻煩和不便，但我身為母親，總是可以看穿她的不快樂。有一次我去看她，我發現她表情非常嚴肅。我問她怎麼了，她說沒什麼。但我一定要問出她這麼沉重的原因。我終於明白，她苦惱於這個家裡不間斷的放縱生活——她太常被叫去買萊姆酒和白蘭地，次數頻繁得讓她覺得很丟臉。霍布斯先生和索恩先生經常酗酒，他們的手會發抖，所以叫她幫忙倒酒。「就算這樣，」艾倫說：「霍布斯先生對我很好，我沒辦法不喜歡他，我為他感到難過。」我試著安慰她，告訴她我已經存了一百美元，希望不久之後可以給她跟班尼一個家，送他們去上學。她想盡辦法不給我增添任何麻煩，我多年之後才發現索恩先生酗酒並不是唯一讓艾倫煩心的原因。雖然他對我外婆表達了許多感激，說自己不會傷害她的子孫，卻還是對她天真的曾孫女說了很多下流話。

我通常會在星期天下午去布魯克林。有一次，我發現艾倫在他家附近焦急地等著我：「噢，媽媽，我一直在等妳，我擔心索恩先生已經寫信告訴老弗林特醫生說妳在這裡了，快進來吧，霍布斯夫人會告訴妳。」

很快就說完發生的事了。前一天，當孩子們在葡萄藤架下面玩耍的時候，索恩先生拿著一封信走出來，他把那封信撕碎扔了。那時艾倫正在打掃院子，由於本來就有戒心，她於是把碎片撿起來交給其他孩子們，問他們：「我想知道索恩先生要寫信給誰。」

最大的孩子說：「我不知道，也不在乎。我不知道這跟妳有什麼關係？」

「可是這真的跟我有關。」艾倫說：「我擔心他把我媽媽的事傳到南方去。」

孩子們嘲笑艾倫，說她很傻，不過還是善良地把碎片拼湊好，然後讀給她聽。排好之後，一個小女孩叫了起來：「哎呀，艾倫，妳真的說對了！」

關於索恩先生的信，就我所記得的大致內容如下：「我看見了你的奴隸，是琳達，還跟她說了話。如果妳小心一點，她其實很容易上當。我這裡有很多人可以作證她是你的財產。我是個愛國者，一個熱愛美國的人，這樣做是為了維護法律公正。」他最後把我住的門牌號碼告訴老弗林特醫生。孩子們把信的碎片拿給霍布斯夫人，她立刻到他房間要求解釋，但他不在。僕人說他拿信出去了，大家都覺得他是去郵局。索恩先生回來之後，霍布斯夫人問他是不是去寄信，他也沒有否認。他馬上回房，隔天一早就不見了。他在全家人起床之前就出發去紐約。

顯然，我現在不能再浪費時間了。我心情沉重地趕回城裡。又一次，我將被迫離開一個舒適的家，我為孩子的幸福所做的一切計畫，現在都被萬惡的奴隸制度給破壞了！現在，我後悔自己沒有把我的故事告訴布魯斯夫人。我之所以沒告訴她，不只是因為我是逃奴而隱瞞，也因為我怕讓她焦慮，在她善良的心中激起同情。我很在乎她對我的好感，我也擔心如果把悲慘經歷都據實相告，可能會失去她對我的好。但現在我覺得有必要讓她知道我的處境。我已經有一次沒解釋原因就離開，不能再這樣了。我回到家，決定好明天早上要告訴她，但她先發現我臉上的憂傷。而為了回應她善意的詢問，我在睡前向她傾訴了一切。她傾聽著，充滿了女性的真正同理心，並說她會盡己所能地保護我。我願上帝保佑她！

第二天一大早，我們向范德普爾法官與霍珀律師徵詢建議，他們建議我最好馬上離開這個城市，因為如果這件事上了法庭，會有很大的風險。布魯斯夫人讓我乘馬車去她一個朋友家，並保證這個地方很安全，我可以在此等待威廉——他幾天之後就會到達。這段時間，我的心思都在艾倫身上。她在血緣關係上是我的，而且根據南方的法律，她也是我的，我的外婆持有的契約可以證明。除非她跟我在一起，否則我不認為她安全。霍布斯夫人對弟弟的背叛感到難過，於是答應讓艾倫跟著我，條件是她必須十天之後回去。我避免做出任何承諾。艾倫來了，她穿著過大、很薄的衣服，拎了一個小背包，裡面沒裝什麼東西。那時是十月下旬，我知道她一定會受凍的。但我不敢上街買東西，所以我脫下身上的法蘭絨裙子，也給她改了一條。好心的布魯斯夫人來告別，看見我為孩子脫下衣服時，她熱淚盈眶：「琳達，等我一下。」她很快就回來了，她給艾倫拿來了暖活的披肩和頭巾。確實，天堂是屬於她這樣的人。

我弟弟星期三到達紐約。霍珀律師建議我們從斯托寧頓（Stonington）去波士頓，因為這條路上的南方人比較少。布魯斯夫人已經吩咐僕人們，如果有人來問說我住哪裡，要回答我曾經來過，但現在已經離開這座城市了。我們安全搭上羅德島號。有很多很多黑人在這艘船上工作，我知道黑人是不准進入船艙的。我很想在待船艙裡，除了不暴露在夜晚的空氣中，也避免被別人打量。霍珀律師在船上等我們，他特別交代女服務員要對我們好一點。他告訴我：「妳等等自己去跟船長說，記得帶著妳的小女兒，我相信他不會讓她睡在甲板上的。」他說完這些友善的話，便與我握手道別。

出航了，載著我們快速離開此地——我曾希望在這找到安全、安定而友善的家。在港口時，我弟弟覺得我出面可能會比較好，所以讓我離開去買票。當女服務員向我走來，我付了她說的價錢，然後她給我三張切角的票。我用一種不懂人情世故的語氣說：「這裡搞錯了，我是要船艙的票。我不能讓我的小女兒睡在甲板上。」她說她沒有搞錯，有些航線確實允許黑人進入船艙，但現在這條不行，因為富人旅客很多。我請她帶我去見船長，她答應過了用茶時間再帶我們去。時間一到，我牽著艾倫的手走到船長面前，禮貌地請他給我們換票，因為我們在甲板上會很不舒服。他說雖然這不符規定，但他會盡量幫我們留意船艙內是否有臥鋪，也會盡量弄個舒適的位置給我們。他還不能保證，但等船到港口，他就會交代售票員。

我向他道謝，然後回到女士船艙。然後他來找我，說售票員在船上——他已經談好了，售票員答應會照顧我們。我很驚訝收到了如此多的好意，不知道是艾倫討人喜歡的小臉打動他，還是那位女服務員從霍珀律師的言行中發現我是逃奴，因此幫我跟船長求情？

當船到達斯托寧頓的時候，售票員兌現承諾，把我們帶到最靠近引擎的第一個船艙。他讓我們坐在門邊，但是等他離開，我們就冒險換到船艙的另一邊。我們安全抵達波士頓，途中沒有受到任何不禮貌的對待。

抵達波士頓的那一天，是我這輩子最幸福的一天。我覺得那些獵犬似乎再也追不到我了。這麼多年來，我第一次把兩個孩子帶在身邊。他們非常享受這次團聚，愉快地笑著、聊著。我心情激動地看著他們，一舉一動都讓我快樂。

我在紐約沒有安全感，於是我接受一個朋友的提議，一起分攤費用、合租一棟房子。我向霍布斯夫人表示：艾倫必須上學，而且為此需要在我身邊。艾倫覺得自己這個年紀還不會讀書寫字很丟臉，所以我沒有送她跟班尼一起去上學。我自己教她，直到她的程度可以上初級中學。這個冬天過得很愉快，我忙著做針線活，而我的孩子忙著看書。

37 拜訪英國

春天時，我接到噩耗。布魯斯夫人去世了。在這世上，我再也看不到她溫柔的面龐，再也聽不到她慈愛的聲音。我失去了一個好朋友，小瑪麗失去了慈愛的母親。布魯斯先生想讓這孩子去英國拜訪她媽媽的一些親戚，並希望我能同行照顧。那個失去母親的小女孩已經習慣了我，而且很依賴我，我想她在我的照顧之下，應該會比被其他陌生人照顧來得開心。而且，我也可以賺到比針線活更多的錢。於是，我讓班尼去學手藝，讓艾倫跟我朋友在家，然後去上學。

我們從紐約出發，經過了十二天愉快的航行之後達利物浦。然後，我們直接前往倫敦，在阿德萊德旅館（Adelaide Hotel）入住。晚餐沒有比美國的那些旅館高級，但對我來說，我得到的對待卻愉快很多。我生平第一次來到了這種地方——人們根據我的行為來對待我，而不是我的膚色。我覺得胸口有一塊大石頭移開了。我帶著親愛的瑪麗在一間舒適的房間裡安

頓，躺在枕頭上，我第一次感覺到隨著這種純粹、沒有任何雜質的自由而來的快樂。

我因為需要照顧孩子，很少有機會見識這座偉大的城市。但我看著街道生生不息的潮浪，發現這跟美國南方城鎮的停滯呈現出奇異的對比。布魯斯先生帶著小女兒到牛津新月（Oxford Crescent）花幾天拜訪朋友，我當然也陪她去了。我早就聽說過英國教育的一些系統方法，真希望親愛的小瑪麗能夠輕鬆駕馭這麼多規矩。我仔細觀察她的小玩伴與他們的保母，並且隨時準備好學習良好的管理技術。那些孩子的面色比美國的孩子更加紅潤，但我看不出他們有什麼明顯的差異。他們跟所有孩子都一樣——有時乖巧，有時任性。

然後我們去了貝克郡的史蒂文頓（Steventon）。這是一個小鎮，據說是全英國最窮的。我看見男人們在田裡幹活，一週可以賺個六、七個先令，女人則是一天六、七個便士，他們用這些錢養活自己。當然，他們生活的方式非常簡單，因為女人的一天薪水都不可能買得起一磅肉。他們的房租非常便宜，衣服是最低劣的布料——不過同樣的錢可以在美國買到比較好的衣服。我聽說許多歐洲窮人受壓迫的事，也看到不少英國最窮的人。不過，當我進入他們的茅草屋，我發現就算是他們之中最卑微、最無知的人，生活條件也都好過美國最受主人寵愛的奴隸。他們努力勞動。在星星閃爍的夜晚，他們不會被命令去做苦工，被監工驅趕、鞭打，不管酷熱或寒冷，直到下一個星星閃爍的夜。他們的家非常簡陋，但他們受到法律保護。沒有傲慢的巡警會在夜深人靜的時候闖進來，隨意鞭打他們。家中父親把茅草屋的門關上，會感覺家人在身邊很安全。沒有奴隸主或監工來奪走他的妻子、女兒。他們可以分頭出去謀生，父母知道孩子去哪裡，也可以用通信來聯絡對方。夫妻關係、親子關係是不可侵犯的，就算是最高貴的貴族也不能藐視。英國有許多幫助窮人的措施。透過建立學校，以及慈善團體的各種活動來改善他們的生活。法律沒有禁止窮人學習讀書寫字。如果他們互相學習讀《聖經》，沒有人會像我那可憐的、虔誠的老弗萊德叔叔一樣，因此挨了三十九下鞭子。再強調一次，英國最無知、最貧困的農民也比美國最受寵的奴隸要好上一千倍。

我不否歐洲的窮人受到壓迫。我不願意也不會去美化他們的生活條件，將之描述得像是默里女士筆下的美國奴隸[11]。只需要**我**一部分的經驗，就可以讓她用不同的角度重新審視自己的文章。如果默里女士能放棄自己的頭銜，不再流連上流社會，而是當一個窮困的女家庭教師，去路易斯安那州或阿拉巴馬州的某個種植園——她會因為所見所聞而寫出一個完全不同的故事。

英國之行是我人生中值得紀念的一件事，我在那裡受到強烈的宗教影響。在我的家鄉，他們對黑人進行儀式時會擺出相當輕蔑的態度，好比老弗林特醫生教會的所屬成員，還有更多類似的人。而且佈道的牧師會做奴隸交易，也讓我對聖公會產生偏見。整個儀式在我看來不過是一種諷刺與騙局。我在史蒂文頓時住在一位牧師家中，他是真正的教徒。他日常的美好生活激發了我的虔誠信仰，恩典進入我心，我跪在聖壇前，全心全意地相信上帝。

我在英國待了十個月，比預期的久了許多。在這段時間中，我從未看過任何歧視膚色的跡象。實際上，我完全忘記了自己的膚色，直到我回去美國。

11 阿米莉亞·默里（Amelia Matilda Murray）是英國植物學家、作家，在一八五六年寫了一本支持奴隸制度的書。

38 南方的再次邀請

我們回美國時正值冬天，旅途漫長乏味。當我遠遠瞧見美國的海岸線時，恐懼感油然而生。害怕自己的祖國是一種可悲的感覺。我們安全抵達紐約之後，我匆忙趕回波士頓與孩子們重逢。艾倫很好，已經適應了學校生活，但我沒看到班尼。當時我幫他找了一個地方學習手藝，幾個月以來都很順利。他很受師傅與同學們的喜愛，但有一天，他們意外發現了一個他們沒想過的事實——他**是**黑人！這讓他變成了另一個人。學徒有的是美國人，有的是出生在美國的愛爾蘭人，居然有一個「黑鬼」在他們中間，這會冒犯到他們的尊貴！他們一開始冷嘲熱諷，卻發現他沒有改變，於是訴諸欺侮與謾罵。班尼太有自尊心，受不了於是離開。他想做些事來養活自己，又無依無靠，所以決定出海捕鯨。我知道一切之後流了很多眼淚，自責離開他太久。但那是我出於好意，現在能做的只有祈禱，希望天父能夠引導他、保護他。

回家之後不久，我收到了艾米麗・弗林特小姐（現在是道奇夫人）的信：

妳應該可以認出妳朋友兼女主人的筆跡。聽說妳跟那家人去了歐洲，我一直等著妳回來才寫信給妳。我本該早點回信給妳，但那時候我並不是獨立於父親，我知道當時沒辦法讓妳滿意。這裡有一些人很希望可以買下妳，而且願意冒著去抓妳的風險。我是不會同意的。我一直很依賴妳，不想看見妳變成別人的奴隸，或受到不好的對待。我現在結婚了，可以給妳保護。我丈夫打算在今年春天搬到維吉尼亞州，想在那裡定居。我非常希望妳也能來和我一起住。如果妳不願意，那妳可以自己贖身，不過我只希望妳可以跟我們一起生活。如果妳來，妳可以隨妳的意願先跟親友們團聚一個月，然後到維吉尼亞州的諾福克來找我。仔細考慮一下吧，盡快回信讓我知道。希望妳的孩子們安好。妳永遠的朋友與女主人。

當然，我沒有回信感謝她「盛情」的邀請。他們竟然覺得我蠢到會上鉤，讓我覺得備受侮辱。

「到我的客廳來坐坐吧，」蜘蛛對蒼蠅說：「這絕對是你看過最美的客廳。」

顯然，弗林特一家顯然知道了我的行蹤，知道我去了歐洲。我猜他們還會繼續找麻煩。但我至今都離他們遠遠的，我希望將來也能成功避開他們。我想把掙來的錢用於孩子們的教育，然後給他們安全的家。我用這些錢來贖身不但困難，而且也不公平：我不可能把自己看作是一件財產，我已經無償工作了那麼多年，那段時間不得不靠外婆提供的食物和衣服。我的孩子們當然屬於我。老弗林特醫生雖然沒有在他們身上花一毛錢，卻因為賣他們而獲得一大筆錢。我知道，法律會認定我是他的財產，而且很可能讓他女兒有權繼承我的孩子。我把這種法律看成是強盜的規章，根本不需要尊重。

那時候，《逃奴追緝法》還沒有通過，麻塞諸塞州的法官們還沒有帶著枷鎖走進那所謂的法庭。我知道我的老主人不喜歡麻塞諸塞州。但我依賴著它對自由的熱愛，在這片土地上得到安全感。但我現在發現，這座老聯邦根本不值得我那般尊敬。

39 給女兒的告白

我和女兒在波士頓自食其力，過了兩年舒適生活。後來，我弟弟威廉建議讓艾倫上寄宿學校。我好不容易才答應讓她離開，我的親人不多，正是因為有了艾倫，這兩個小房間才有家的感覺。但我的理性戰勝了自私的情感。我開始為她離家做準備。我們一起生活的兩年之中，我有好幾次都很想告訴她關於她父親的事，但我一直沒有勇氣開口。我害怕這樣會減少孩子對我的愛。我知道她一定很好奇父親的事，不過她從未開口。她總是很小心，不讓我回想悲慘的過往。現在她要離開我了，我想，如果我在她回來之前就死了，那她可能會從一些人口中聽見我的故事——他們不知道那種情況是有原因的。而如果她一輩子都不知道，可能會嚴重打擊到她敏感的天性。

那天晚上我們準備休息時，艾倫說：「媽媽，讓妳一個人留下真難受。對不起我要離開了，因為我要去讀書提升自己。但妳會常給我寫信，媽媽，不是嗎？」

我沒有擁抱她，也沒有回答她。我努力穩定情緒，用一種平靜而嚴肅的語氣說：「艾倫，我要告訴妳一些事。」我描述了我早期在奴隸制度下的痛苦經歷，對她說這些事幾乎要把我毀了。我告訴她，那些人是如何讓我犯下那個大錯，這時，艾倫用雙臂抱著我，大聲說：「噢，別說了，媽媽，別再說了！」

我說：「可是，孩子，我想讓妳知道妳父親的事。」

「我早就知道了，媽媽，」艾倫回答：「我對我父親來說什麼都不是，他對我也什麼都不是。我把所有的愛都給妳。我在華盛頓時跟他一起過了五個月，他從來都不關心我。他對我說話時，從來都不像對他的小芳妮那樣。我一開始就知道他是我父親，是芳妮的保母告訴我的，但她叫我別告訴任何人，我也沒說。我以前很希望他能抱抱我、親親我——就像他對芳妮那樣，或是偶爾對我笑笑就好，就像他對芳妮那樣。我以為他如果是我父親，就應該愛我。我那時還小，什麼都不懂。但現在我已經一點都不想他了。我只愛妳。」她一邊說，一邊緊緊抱著我。感謝上帝，我曾經非常害怕告訴孩子的事，並沒有減少孩子對我的情感。我完全不知道她已經知道我那一段過往。如果我知道，我會早早和她談談，因為我長期壓抑著，很渴望對我能信任的人傾訴。而我經過這次，變得更愛女兒了——因為她對她不幸的母親如此體貼。

隔天早上，她和她的舅舅啟程去紐約的那個村莊，她將在那裡上寄宿學校。似乎所有的陽光都消失了，我的小房間變得孤寂可怕。幸好，沒過多久就有一個雇傭過我的女士捎信，請我到她家裡做幾週的針線活。我後來回到家，發現了弟弟威廉的信。他想在羅切斯特（Rochester）開一間反奴隸制的閱覽室，也兼賣一些書籍和文具。他想找我一起做。我們一度嘗試，但沒有成功。我們在羅切斯特遇見一些反奴隸制的朋友，但那種情緒還不夠普遍，沒辦法支撐這樣一個機構。我在艾薩克和艾米．波斯特[12]家裡待了一年，他們是教義中人類兄弟情誼的實踐者，用一個人的品格來衡量他的價值，而不是膚色。這些可愛又可敬朋友們，我對他們的記憶將伴隨一生。

12 艾薩克和艾米．波斯特（Isaac and Amy Post）是紐約的貴格會教徒，曾經參與廢奴與女權的運動。

40 《逃奴追緝法》

我弟弟的計畫落空了，後來決定搬到加州，班尼跟他一起去。而艾倫很喜歡她的學校，而且她很受同學歡迎。大家都不知道她的過去，她也沒有說過，因為她不想從別人的同情中獲益。不過，當大家偶然發現她的母親是個逃奴，全都伸出援手給予幫助，讓她減少開支。

我又一個人了。掙錢是必須的，我希望替認識我的人服務。我從曼徹斯特回來以後，先去布魯斯先生家看望瑪麗。在我思想冰冷、不信任任何人的時候，這個小嬰兒曾經融化我內心，她現在已經長得很高了，而我依然愛她。布魯斯先生已經再婚，他提議由我當新生兒的保母。只有一件事讓我有些猶豫，即紐約似乎不再安全——通過《逃奴追緝法》之後，紐約這種不安全感大大地增加了。不過我還是決定一試。新的布魯斯夫人是個美國人，在貴族家庭長大，依然過著貴族的生活。不過，我從來沒有感覺到她對於膚色有任何偏見。她對奴隸制深惡痛絕。任何南方人的詭辯都無法遮掩它的暴行。她是一個有高尚原則、有貴族心性的人。對我來說，從當時到今日，她都是一個富有同理心的真正朋友。永遠祝福她！

在我回到布魯斯一家的時候，發生了一件對黑人而言相當悲慘的事件。有一名奴隸叫作哈姆林，他成為新法律下的第一個逃奴，被北方的奴隸獵人交給了南方的奴隸獵人。這是對黑人恐怖統治的發端。這一座偉大的城市在它刺激的漩渦之中向前奔忙，絲毫沒有注意到那些「可憐人短暫而簡單的事件」。當那些時尚人士在城市舞台（Metropolitan Hall）中聽「瑞典夜鶯」珍妮．林德（Jenny Lind）的美妙歌聲時，被追趕的窮苦黑人在錫安大教堂發出了顫抖的叫喊，他們向上帝痛苦地禱告著。許多家庭已經在紐約住了二十年，現在都開始逃亡。有許多洗衣婦靠著苦勞白手起家，現在卻不得不犧牲那些傢俱，匆匆跟朋友們道別，到加拿大在陌生人之中尋找出路。許多結了婚的女人發現了不曾知道的祕密——她丈夫是逃奴，必須離開她才能確保自己的安全。更糟糕的是，許多丈夫發現妻子是多年前從奴隸制逃脫的，而「孩子必須遵循母親的身份」，他的愛子因此將被逮捕、送入奴隸制。在這些窮苦的家庭中，四處都瀰漫著驚愕與痛苦。不過，那些「佔據統治地位的種族」的立法者又怎麼會在乎踐踏這些人，以及他們心臟被壓出的鮮血？

威廉在出發去加州的最後一晚，我們待在一起，幾乎整晚都在討論這個不公平的法律，將會帶給我們這些被壓迫的人民多少痛苦。我從未看過他如此痛苦，對那些壓迫者恨之入骨。他自己並不適用這條法律。因為他並不是逃離蓄奴州，而是被他的主人帶到自由州。但我適用於這條法律，我們生活中還有成百上千個聰明、勤勞的朋友也是如此。我很少冒險走到街上，如果必須要出門替布魯斯夫人辦事，我會盡量繞後街、走小路。對一座標榜自由的城市，這是多麼可恥的事情！居民們沒有犯罪，正在努力工作，卻被宣判必須生活在這無止境的恐懼之中，而且無處可逃！當然，有許多保安委員會應運而生。每一個黑人，每一個有朋友被迫害的人，時時刻刻都要擦亮眼睛。我每天晚上都仔細讀報，看看有哪些南方人住進了飯店。我想，我那位年輕的女主人和她丈夫應該會在名單上。如果有必要，我也希望告訴其他人有用的資訊。就算有很多南方人在「四處流竄」，但我決定還是要「增長知識」。

這使我想起了在南方的一段往事，我簡單敘述一下。我以前認識一名奴隸，叫作路克，他的主人是附近一位富人。他的主人死後，大筆財產的繼承人是主人的一對兒女。分配奴隸時，路克被分給了兒子。這個年輕的主人成為了罪惡的犧牲品，在北方讀書期間染上惡習，於是被帶回家，雙腿因為過度放縱而癱瘓了。路克被派去服侍這個只能臥床的主人。主人對自己的無助感到憤怒，於是加深了暴虐的本性。他在身旁放著一根皮鞭，經常因為雞毛蒜皮的小事叫奴隸露出後背、跪在床前用力鞭打，直到他自己精疲力盡。路克有時候只能穿一件汗衫，以便隨時挨鞭子。幾乎每天都會被打，或多或少。只要有一點反抗，鎮裡的治安官就會來執行懲罰，路克從經驗中得知，有力的治安官比虛弱的主人可怕得多。主人的手臂越來越虛弱，最後癱瘓了，結果只好不斷找來治安官。他完全依賴路克照顧，而且不得不像個嬰兒一樣，這個事實沒有激起他對可憐奴隸的任何感激或同情，而似乎只會增加他的暴虐與怒氣。他躺在床上，腦袋裡裝滿了專制主義者最變態的想法。如果路克對命令稍有猶豫，他會立刻找來治安官。我沒辦法再說出那些變態的行為。我逃離那可怕的家之時，路克還被鎖在那個殘忍、噁心的不幸之人床邊。

有一天，我出去為布魯斯夫人辦事時，像往常一樣快步走過後街，這時我看見一個年輕人向我走來，他的臉很面熟。等他走近後，我認出他是路克。看見有人從那黑洞裡逃離出來，總是讓我非常高興，尤其是在北方的土地上看見他——雖然我沒辦法再說這裡自由。我始終記得在陌生人中生活的淒涼感，於是我走到他身邊，親切地問候他。他起初完全沒有認出我來。而當我說出名字時，他記起來了。我跟他說《逃奴追緝法》的事，並問他知不知道紐約已經變成一個綁架之都？

他回答說：「我還沒有比妳危險，因為我是從投機商那裡跑掉的，而妳是從主人那裡跑掉的。投機商不會為了一個逃掉的人花大錢來到這裡，除非他們很有把握可以抓住我。我告訴妳，我已經想好了，我在那邊的日子太苦了，不會讓他們逮到我這黑鬼。」

然後他告訴我他的計畫，以及別人給他的建議。我問他有沒有足夠的錢去加拿大。「我有，」他說：「我已經想好了。我一輩子都替那些可惡的白人工作，除了被打被銬起來，沒有任何回報。所以我覺得我這黑鬼有權利拿錢去自由州。亨利主人去世前，每個人都希望他快點死。他死的時候我知道是魔鬼來接他，魔鬼不會希望他帶著錢去。所以我拿了他一些錢放到了他的褲子口袋裡，當亨利主人被埋葬的時候，我說想要他的舊褲子，他們就把褲子給我了。」路克低聲地笑著說：「妳看，我沒有**偷錢**，是他們自己**給我**的，為了不讓奴隸販子發現，我可吃了不少苦頭。」

這是奴隸制度下培養出道德感的好例子。當一個人的工資年年都被偷走，而法律支持並執行這種偷盜，那我們要如何指望他會比那些強盜更注重誠實？我多少擁有知識，但是我承認，我還是認同這個可憐、無知、常被虐待的路克——他認為他有「**權利**」得到那筆錢，因為那是他未付工資的一部份。路克馬上就去了加拿大，之後我再也沒有他的消息。

整個冬天我都生活在焦慮中。當我帶著孩子們到戶外活動，我會仔細觀察周遭所有人的樣貌。我害怕夏天到來，因為毒蛇和奴隸主在那時出現在北方。事實上，我在紐約仍是奴隸，就像我在蓄奴州一樣，受到《逃奴追緝法》約束。在這號稱自由的國度，這是多麼不和諧！

春天來了，我收到南方來的警告，說老弗林特醫生知道我回到老住所，正準備來抓我。我後來才知道，我和布魯斯夫人孩子的穿著，是一個北方走狗告訴他的。奴隸主為了卑鄙的目的雇用這些人，滿足他們的貪婪與下流本性。

我立刻把事態告訴布魯斯夫人，她立刻採取行動保護我。由於不太可能立刻找到保母替代，這位慷慨、體貼的女士建議我帶著她的孩子離開。有孩子在身邊當然是一種安慰，人都不願意與摯愛分離。但有多少母親會願意讓她的孩子變成一個逃犯？只為了那個被追捕、可憐的保母，因為這個國家的立法者把奴隸獵人都放出來了。我說要跟親愛的孩子分離，這犧牲太多了，她回答：「琳達，妳最好帶著孩子。如果他們找到妳，他們不得不把孩子帶來給我。那時候有機會妳就可以得救。」

布魯斯夫人有一個非常有錢的親戚，在許多方面都樂善好施，是一位仁慈的紳士，卻是貴族與奴隸制的擁護者。他勸布魯斯夫人不要窩藏逃奴，說這違反了法律，問她知不知道罰則。布魯斯夫人回答：「我很清楚，會坐牢加上一千美元罰款。這**是**我國家的恥辱！我已經準備好要受罰了。我寧願去這國家的監獄，而不是讓一個可憐的受害者在**我家**被綁走，被抓回去做奴隸。」

多麼高貴、勇敢的心！我寫到她的時候，眼眶裡滿是淚水。她給予我們這些受迫害之人同情，願上帝賜福於她！

後來我被送到新英格蘭，我在那得到了一位參議員妻子的庇護，我必須一輩子感謝她。而那位可敬的紳士不像《湯姆叔叔的小屋》裡的參議員一樣支持《逃奴追緝法》，相反地，他強烈反對該法案。但他受到這種社會氛圍的影響，不敢讓我在他家待太久。於是，我被送到了鄉下，與布魯斯夫人的孩子生活了一個月。直到老弗林特醫生的爪牙失去了我的蹤跡，暫時放棄追捕之後，我才回去紐約。

41 終於自由

布魯斯夫人與她家的每一個人對我都很好。我雖然很感謝上天的眷顧，但我不能總是面帶喜色。我不去傷害任何人，與此相反，我盡我的微薄之力做一切的好事。不過，每當我出去呼吸新鮮的自由空氣時，內心仍舊忐忑不安。這太難了，我認為這在任何一個文明國家都是不正常的。

我不時會收到好外婆的信。她因為不會寫字，所以找人代寫。以下摘錄自她最後的幾封信：

親愛的孫女：

我不敢指望今生還會再見到妳，但是我祈求上帝讓我們在天國重聚，那裡不會有病痛折磨我這虛弱的身體，也不會有孩子們分離的痛苦。只要我們虔誠，神就應允了這一切。我年紀大了，身體虛弱，沒辦法上教堂。但祂在家裡與我同在。謝謝妳弟弟的善良，要更愛他，也要告訴他：年輕的時候不要忘記上帝，要努力，與我在天父的國度裡重聚。要愛艾倫和班尼——不能再疏忽班尼了。幫我告訴他，要做個好孩子。努力吧！我的孩子，成為神的子嗣。願祂也保護妳、供養妳。

為妳祈禱，愛妳的外婆

這些信讓我既高興又難過。她是我不幸的過往中一位善良、忠實的朋友，我總是很高興可以收到她的信。但看見這種愛的語言，我內心渴望在她有生之年能再見一面，但現實告訴我這不可能。我從新英格蘭回來後幾個月，收到外婆的另一封信，她寫道：「老弗林特醫生死了，他家的人很悲傷。可憐的老人！我希望他與上帝和解。」

我記得很多事，他曾經騙走我外婆辛苦掙來的錢，也試圖欺騙，讓外婆失去女主人承諾要給她的自由，他還迫害她的孩子們。我心想，如果她能完全原諒老弗林特醫生，那她是比我好的基督徒。說實話，老主人的死訊並沒有減緩我對他的恨意。有些錯誤沒辦法埋進墳墓。那個人在世時我就討厭他，而今那些記憶一樣讓我憎恨。

他的離開並沒有減輕我的危險。他威脅過外婆，說他的繼承人會在他死後得到我，所以只要他有子孫，我就永遠無法自由。至於老弗林特夫人，我看過她失去好幾個孩子，那時候她應該會比失去丈夫還痛苦，然而，我從來沒看過她內心有任何軟化的跡象。醫生死的時候經濟困窘，除了一些他抓不到的財產之外，沒有什麼可以留給繼承人。我很清楚弗林特一家會怎麼做，從南方寄來的信也證實我的擔憂，因為老弗林特夫人公開宣稱她的女兒不能失去我這個值錢的奴隸。

我密切關注所有報紙上南方人的消息。就在一個星期六的晚上，我忙得不可開交，結果忘了《晚間快報》（*Evening Express*）。隔天一早，我下樓去客廳找報紙，發現那男孩正想拿它來點火，我連忙從他手裡拿下報紙，快速查看來客名單。讀者們，沒當過奴隸的人很難想像我那時的煎熬——我在科特蘭街上的一間旅館看到道奇夫婦的名字。這是一間三流的旅館，這證實了我所聽聞的事實。他們缺錢，正如我「看重」他們，**他們**也很「看重」我——只不過單位是美元與美分。我急忙拿著報紙去找布魯斯夫人。她總是會對每個遇險之人敞開心胸、伸出援手，對我也給予熱切的同理。我們很難知道敵人到底有多靠近。他可能趁我們睡覺時，在房子四周轉來轉去。如果我冒險出門，他可能已經埋伏好準備抓我。我從來沒有見過道奇先生，可能會把他當成一般的陌生人。布魯斯夫人連忙叫了馬車，我裹上面紗，跟著夫人再次帶著孩子流落家外。經過幾次轉彎、幾個路口還有折返，馬車到達布魯斯夫人的一個朋友家，他們待我很好。夫人立刻回去了，因為她要交代其他傭人如何應付來找我的陌生人。

幸運的是，我在晚報被燒掉之前看到了客人名單。布魯斯夫人回家後不久，就有幾個人來找我。一個說要找我，一個要找我女兒艾倫，還有一個說他帶了我外婆的信，要當面交給我。他們被告知：「她**曾經**在這裡，但她已經離開了。」

「多久前離開的？」

「我不知道，先生。」

「你知道她去哪裡嗎？」

「我不知道，先生。」然後門被關上了。

這個聲稱我是他財產的道奇先生，原來是南方的一名北方行商，後來做貿易，最後成為奴隸主。他設法進入所謂的上流社會，與艾米莉．弗林特結了婚。道奇先生和艾米莉小姐的哥哥不和，她哥哥鞭打了他。這導致家庭不睦，最後他只能搬到維吉尼亞州。老弗林特醫生沒給他留下任何財產，加上要養活妻女，他的生活越來越受限，這種情況下，想把我裝到口袋裡是很自然的事。

我有一個黑人朋友，是我的同鄉，我對他非常信任。我請人告訴他道奇夫婦已經來紐約了。我提議他去拜訪他們，打聽一下南方朋友們的情況——弗林特一家跟那些朋友們很熟。他不覺得有不妥，所以他就去了。他來到旅館，敲了敲房門，來應門的是道奇先生本人，他粗聲粗氣地問：「你來幹什麼？你怎麼知道我在這？」

「先生，是晚報登出了你們的行程。我來是想向夫人問問家鄉朋友們的狀況。我想這應該不會有冒犯。」

「那個我妻子的女黑奴呢？」

「什麼女孩，先生？」

「你知道的，琳達，幾年前從弗林特醫生的種植園跑出來的。我敢說你見過她，而且知道她在哪。」

「是的，先生，我見過她，也知道她在哪。先生，你找不到她的。」

「告訴我她在哪裡，或是帶她來找我，我會給她買回自己的機會。」

「我覺得這沒用，先生。我聽她說過，她寧願走到天涯海角，都不願付錢給任何人換取她的自由，因為她認為她有自由的權利。而且，就算她想她也做不到，因為她把掙來的錢都用在孩子們的教育上。」

道奇先生非常生氣，於是他們之間說了些難聽的話。我的朋友不敢到我躲藏的地方，不過同一天我收到他的一張便條。我推斷他們這次冬天從南方來，不是為了旅遊，現在他們的意圖已經很明顯了。

布魯斯夫人來找我，希望我第二天清晨就離開紐約。她說，她的房子被人監視，對方很可能找到蛛絲馬跡。我拒絕了她。她懇切而溫柔地希望我離開，這本該打動我的，但我非常沮喪。我已經厭倦了東奔西逃。我半個人生都在被追逐，而且看似永遠不會結束。現在我坐在一個大城裡，我沒有罪，卻不敢走進任何一間教堂。我聽見下午做禮拜的鐘聲，諷刺地說：「傳教士們準備佈道，他們會引用『對被俘者宣告自由，像被捆棒者打開監獄之門』？還是照《聖經》所言，說『想怎麼被對待，就那樣去待人』？」被壓迫的波蘭人和匈牙利人可以在紐約找到避難所。支持奴隸制的約翰．米切爾（John Mitchell）在市政大廳公開宣布，他希望建立一個「充滿奴隸的種植園」，而我這個被壓迫的美國人卻坐在原地，不敢露面。在安息日沉溺於這些黑暗的想法，請上帝寬恕我吧！《聖經》說「壓迫讓智者瘋狂」，更何況我不是智者。

我被告知，道奇先生說他的妻子從未簽屬放棄她對我孩子們的權利，如果他找不到我，他會帶走孩子。孩子的事比其他事情更能激起我內心的風暴。班尼在加州和他舅舅威廉在一起，而我無辜的小女兒就快要趁著假期來找我。我回憶那個年紀的我，被奴隸制弄得痛苦不堪，而且那些獵人往後還試圖把我的女兒抓回奴隸制裡——我這時簡直像是隻老虎。

親愛的布魯斯夫人！當她因為我的倔強而失望地轉身時，我似乎看見她臉上的表情。她發現她的勸告無效，就叫艾倫來說服我。晚上十點的鐘聲響起，艾倫還沒回去，這位小心而不知疲倦的朋友變得很焦慮。她立刻坐車來找我，帶了個大箱子，裡面裝滿了旅途上需要用的東西——她相信我這時會聽她講道理。我向她屈服了，我早該這麼做的。

第二天，我和我的寶貝在暴風雪中出發了，再次前往新英格蘭。我收到了一些「邪惡之城」寄來的信，署名都是假名。幾天之後，布魯斯夫人寫信告訴我，我的新主人還在找我，她想買下我的自由來結束這一切迫害。我感激布魯斯夫人的好意，但這個提議並沒有期望中那樣令人愉快。隨著我的思想越來越開明，我就越難把自己看作是一件財產。而且，把錢交給那些壓迫過我的人，就好像從我的苦難之中奪走了勝利的榮耀。我寫信給布魯斯夫人，感謝她，不過我說「把我從一個主人賣給另一個」看起來更像奴隸了，而且如此重大的債務也不能輕易抵銷，所以我想去加州找我的弟弟。

在我不知情的情況下，布魯斯夫人在紐約雇人和道奇先生談判。那位代表告訴道奇先生，如果願意將我賣出，並且永遠放棄對於我和我的孩子們權利，那他會當場支付三百美元。那個自稱是我主人的傢伙說，這種價碼對我這種值錢的奴隸根本是挑釁。那位代表回答：「先生，你可以自己決定。但如果你拒絕了，你什麼都得不到。因為這個女人有朋友能把她和她的孩子們送到國外。」

道奇先生最後發現「半條麵包總比沒有好」，於是同意了這些條件。後來我收到布魯斯夫人這一封簡短的信：「我很高興地告訴妳，換取妳自由的錢已經給了道奇先生。明天回家吧。我非常想見妳和我親愛的孩子。」

讀完這幾行字，我的腦袋一片混亂。旁邊的先生說：「這是真的，我有看過那張賣契了。」「賣契」兩個字重重擊中了我。我終於**被賣**了！一個人，在自由的紐約**被賣**了！這張賣契紀錄在案，後世子孫可以從中得知，在十九世紀末基督教區的紐約，女人只是可供交易的貨品而已。此後，有些考古學家可能要試著衡量美國文明的進步，這張賣契一定會成為有用的文獻。我很清楚那張紙的價值，但儘管我熱愛自由，我卻不願意去直視它。我深深感激那位買下它的慷慨朋友，但我看不起那些惡棍，為了根本不屬於他們的東西來索討金錢。

我反對用金錢來換取我的自由，但我必須承認，當一切結束時，我彷彿放下了那疲憊的肩上的重擔。我在乘車回家途中，不再害怕拿下面紗直視路人。我或許該去見見丹尼爾・道奇先生本人，讓他看看我、認識我，這樣他可能會遺憾他因為沒錢不得不用三百美元把我賣掉。

我一回到家，我的恩人擁抱我，我們的淚水匯聚在一起。她能說話時，她說：「噢，琳達，我**真高興**一切都結束了！妳寫信給我，好像以為妳會從一個主人轉移到另一個主人。但我不是要得到妳的服務才買妳。就算妳明天就出發去加州，我還是會買妳的。至少，我要心滿意足地知道，妳離開我的時候是個自由的女人。」

我心裡非常充實。我記得，當我還是個小孩子，我可憐的父親多想把我買下來，然後又多麼絕望。我希望他現在替我高興。我記得，我那善良的老外婆在她的晚年如何一點一滴存錢想要買我，而她的計畫一次次都失敗了。現在我們自由了，如果她可以與我和我的孩子們見面，那她將會多高興！我親人的努力全都失敗了，但上帝在茫茫人海中給了我一個朋友，她給予我渴望已久的珍貴福祉。朋友！這個詞很常見，也經常被用得輕描淡寫。就像其他美好的事物一般，如果不小心對待，那它可能會失去光澤。而我說到布魯斯夫人是我的朋友時，這個詞的意義是神聖的！

外婆活著見證我的自由，她非常高興。但不久之後，我收到一封黑色封蠟的信。她已經去了那個「沒有惡人、疲憊的人得以安息」的地方

隨著時光流轉，我收到了南方寄來的一份文件，上面是菲利浦舅舅的訃聞。像這種給予黑人如此榮譽的案例，這是我唯一知道的一件。訃聞是他朋友寫的，上面寫道：「現在死亡

已經帶走他，大家都稱他是個好人，是一個有用的公民。但是，當世界已經從黑人的視野中消失了，對黑人的讚美又有何意義？人不需要讚美，就可以在天國安息。」他們把黑人稱為「**公民**」！這個詞出現在那個地方是很奇怪的！

不像一般的故事，我的人生不是以幸福的婚姻結束，而是以自由結束。我和我的孩子們現在自由了！我們和北方的白人一樣，不受奴隸主的奴役。雖然在我看來這不算什麼，但這大大改善了**我的**狀況。我一生的夢想還沒有實現。我沒有和孩子們坐在自己的家裡——我依然渴望有自己的家，不管有多麼簡陋。我這樣想不是為了自己，是為了我的孩子。上帝安排我和我的朋友布魯斯夫人待在一起。愛、責任、感激，這些情感都讓我留在她身邊。我很榮幸可以為她服務。她同情我那些被壓迫的同胞，把寶貴的自由賜予我與我的孩子。

回憶我在奴役中度過的悲慘歲月，很多方面都是令人痛苦的。如果可以，我很樂意忘記它們。不過，回憶也不是完全沒有慰藉——與悲慘的回憶一起，是我善良的老外婆的美好回憶，她像是輕柔的雲朵，飄忽在黑暗而混亂的海面之上。

初版後記

（由初版編者莉迪雅・柴爾德蒐集、撰寫。）

社會運動家艾米・波斯特大力推薦本書。她是紐約州貴格會的成員，也是窮人、受壓迫者的支持者中最受尊敬的一位。正如本書所寫，作者曾在好客的波斯特家裡住了一段時間。

作者是我非常尊敬的朋友。如果讀者像我一樣了解她，那一定會對她的故事非常感興趣。一八四九年整整一年，她都是我們家最可愛的收容者。她弟弟介紹我們認識，他親切、盡職盡責，先前就把他姐姐生活中一些難以置信的事情說給我們聽了。我立刻對琳達這個人感興趣，她外表出眾，舉止顯示出她的感情細膩，思想也非常純潔。

隨著我們越來越熟，她時不時會告訴我以前她作為女奴的一些痛苦經歷。她同樣有著希望得到同理的天性，但歷經過那般痛苦的洗禮，就算私下向我講述，她內心也十分煎熬。這些回憶沉重地壓迫在她精神上——那天生善良的精神。我再三勸她發表自己的故事。因為我認為，這會促使人們更加努力，解放那數百萬心靈破碎的人——她也一度被擊垮。但她敏感的心靈不願意公開。她說：「妳可知道，一個女人可以在她的好友耳邊低聲傾訴自己的錯誤，比起把這些事情公開在全世界的讀者眼前，前者容易得多。」她甚至在向我傾訴時哭得泣不成聲，彷彿精神遭受很大的打擊。我覺得她的故事太嚴肅，無法用問答的方式從她身上扯出來，因此讓她自由發揮。不過，我還是力勸她發表自己的經歷，因為會有人獲益。最後她擔下這項任務。她大半生都是奴隸，沒有受過教育。

她必須靠自己的勞動來謀生，因此不知疲倦地工作。有幾次她為了逃避我們國家裡的男女奴隸獵人，不得不暫時放下手邊工作。但她通過並克服了所有障礙。一天的工作結束之後，她就在午夜的燈光下，疲倦地獨自記錄下自己多舛的人生。

紐約州對於那些受壓迫者來說，是一個破舊的地方。但在這裡，歷經過焦慮、動盪與絕望，琳達終於在一位朋友的慷慨幫助下，與她的孩子們獲得自由。她對這個恩情非常感激，不過，對於從來不承認自己是財產的心靈來說，想到自己被人買下是一件難堪的事。事件發生後不久，她就寫信給我們：「我感謝妳對我的自由表達友善，但對我來說，在付錢之前那種自由的感覺更加可貴。那是上帝賦予我的。人類卻把上帝賦予之物與三百美元放上了天秤。我為自由服務，正如《聖經》中雅各為拉結服務一樣忠誠。

雅各最終得到回報，但我的勝利卻被奪走了。我為了擺脫暴君，不得不摘下自己的王冠。」

她的故事是她自己寫的，一定會引起讀者的興趣，因為這是美國現狀的悲哀寫照。這個國家吹噓自己的文明，卻實行了一些法律與習俗，內容比過去的小說都還要離奇。

——艾米・波斯特，一八五九年十月三十日寫於紐約羅切斯特

以下的推薦，來自波士頓一位非常受人敬重的黑人公民，也是位支持人權的眾議員：

這個故事講述了一些非常不尋常的事件。毫無疑問，有許多人看見這些特別鮮明的事情，會以為這本書別有用心。但是，我不管那些懷疑論者怎麼看，我知道本書是活生生的事實。我從小就認識這位作者，我對她經歷中的情況非常熟悉。我知道她的主人如何對她。她的孩子們被關起來，被賣掉又被贖回。她歷經七年的幽禁，後來逃到北方。我現在住在波士頓，我是這本書的真實見證者。

——喬治・盧瑟（George W. Lowther）

一起來　光 010

為了自由：一名女奴的奇蹟逃脫故事

Incidents in the Life of a Slave Girl

作　　者　哈麗葉特・雅各布斯 Harriet A. Jacobs
譯　　者　郭哲佑
主　　編　林子揚

總 編 輯　陳旭華 steve@bookrep.com.tw
社　　長　郭重興
發行人兼出版總監　曾大福

出版單位　一起來出版／遠足文化事業股份有限公司
發　　行　遠足文化事業股份有限公司
www.bookrep.com.tw
23141 新北市新店區民權路 108-2 號 9 樓
電話｜ 02-22181417　傳真｜ 02-86671851
法律顧問　華洋法律事務所　蘇文生律師

封面設計　萬勝安
內頁排版　宸遠彩藝
印　　製　通南彩色印刷有限公司
初版一刷　2021 年 6 月
定　　價　380 元

ＩＳＢＮ　9789860646016（平裝）
9789860646030（EPUB）
9789860646023（PDF）

國家圖書館出版品預行編目（CIP）資料

為了自由：一名女奴的奇蹟逃脫故事 / 哈麗葉特．雅各布斯 (Harriet A. Jacobs) 著；郭哲佑譯. -- 初版. -- 新北市：一起來出版，遠足文化事業股份有限公司，2021.06
288 面；　公分. -- (光；10)
譯自：Incidents in the life of a slave girl
ISBN 978-986-06460-1-6（平裝）

1. 傳記　2. 奴隸社會　3. 美國

785.28　110008006